高情商的人
是这样沟通的

郭强/著

中华工商联合出版社

图书在版编目（CIP）数据

高情商的人是这样沟通的 / 郭强著. -- 北京：中华工商联合出版社，2019.11

ISBN 978-7-5158-2602-8

Ⅰ.①高… Ⅱ.①郭… Ⅲ.①语言艺术—通俗读物 Ⅳ.①H019-49

中国版本图书馆CIP数据核字（2019）第 221255 号

高情商的人是这样沟通的

作　　者	郭　强
责任编辑	吕　莺　董　婧
封面设计	周　源
责任审读	李　征
责任印制	迈致红
营销推广	王　静
出版发行	中华工商联合出版社有限责任公司
印　　刷	河北飞鸿印刷有限公司
版　　次	2020年4月第1版
印　　次	2020年4月第1次印刷
开　　本	710mm×1020mm　1/16
字　　数	70千字
印　　张	14
书　　号	ISBN 978-7-5158-2602-8
定　　价	36.00元

服务热线：010-58301130
销售热线：010-58302813
地址邮编：北京市西城区西环广场A座
　　　　　 19-20层，100044
http://www.chgslcbs.cn
E-mail: cicap1202@sina.com(营销中心)
E-mail: gslzbs@sina.com(总编室)

　　在人们的生活中，沟通起着极其重要的作用。沟通能够传递人与人之间的情感，交流各自的思想，表达不同的想法，消除误会和障碍。可以说，正因为人与人之间有了语言的沟通，信息才会得到有效的传播。

　　沟通是一门学问，是一种语言表达的方式，更是一种与人交流的技巧。可以说，良好的语言沟通能力是一个人综合素质的直接体现，也间接反映了这个人是否有良好的家教、修养。

　　一个人谈吐得体、表达流利，既容易赢得他人的喜欢，也为自己今后的人生发展铺好了道路。

　　学点沟通心理学，对提升沟通效果十分有利。所以，要重视对沟通要领和技巧的学习，培养正确而恰当的表达方式，恰如其分地与人沟通交流，让自己成为善于与他人沟通的高情商人士。

如果你当众说话时经常胆怯、害怕上台，如果你说话时经常语无伦次、不得要领，如果你经常表达时含混不清、心急心慌，那么，可参照本书，学习一些实用的恰当的说话方式和表达技巧，并在生活中有目的地加强对沟通能力的培养，只要你肯坚持不懈地努力，相信你的沟通水平和语言表达能力定会大有长进！

目 录
CONTENTS

上 篇

沟通的前提是掌握"会说话"的基本要领

沟通有技巧，话不能随便说 002

用声音的魅力为沟通增色 007

合适的语调有助沟通 012

吐字要清楚，"用气"有技巧 018

优雅的谈吐让人喜欢 025

做个"能说会道"的沟通高手 032

沟通前要做好"功课" 039

中 篇

沟通的艺术在于真诚

寻找共同心理，说出"得体"的话 048

掌握对方心理，才能更好沟通 054

克服沟通时的紧张情绪 061

真诚的沟通表现在一言一行 067

用乐观和幽默感染对方 071

营造融洽的互动式沟通氛围 078

倾听在沟通中的神奇作用 085

沟通时的开场白很关键 094

谦虚谨慎赢得好人缘 102

不在背后议论人 108

一诺重千金，三思而后行 115

真诚地表达对别人的赞美 120

下 篇

沟通中的表达要恰如其分

把话说到"点"上，才是有效沟通 128

冷静应对无礼言辞 135

中途插话有技巧 140

能言善辩是练出来的 146

有理也要让三分 151

巧妙拒绝有方法 156

批评有效果，策略很重要 164

借用身体语言为说话加分 174

跟谁都能聊得来 192

口才训练有诀窍 197

避开沟通中的"雷区" 204

沟通中的情绪管理 210

上 篇

沟通的前提是掌握
"会说话"的基本要领

→ 沟通有技巧，话不能随便说

→ 用声音的魅力为沟通增色

→ 合适的语调有助沟通

→ 吐字要清楚，"用气"有技巧

→ 优雅的谈吐让人喜欢

→ 做个"能说会道"的沟通高手

→ 沟通前要做好"功课"

▌沟通有技巧，话不能随便说

沟通是人与人之间、人与群体之间思想与情感的传递和反馈的过程，沟通的目的是求得思想的一致和情感的融洽。

沟通是人们在日常生活中不可或缺的一种能力、一种本领，人们每天要面对生活中的沟通、工作中的沟通、事业上的沟通，可以说沟通无处不在，不会沟通寸步难行。那么，怎么提升沟通能力呢？

"会说话"是会沟通的基础。有人可能会问：谁不会说话啊？是的，人人都会说话，但这里所说的"会说话"，是指能够把话"说到点子"上，把话说到他人心坎上，要做到这一点，就需要一定的方法和技巧了。

在日常生活中，如果你留心观察人们的说话方式，就会发现：有的人说话过于啰唆，表达不清，叫人摸不着头绪；有的人说话没有逻辑，东一句西一句，前言不搭后语；有的人说话时面无表情，叫他人无法判断其情绪和态度；有的人说话时本该详细阐述，却过于简单，让他人不能充分了解情况，甚至因信息不足而产生误会；有的人说话"很直"，不动脑子，说的都是他人最不喜欢听的，结果说完后，说者和听者都陷入非常尴尬和郁闷的境地……上述这些人都是没有掌握好"会说话"的基本要领，因而有效的沟通也就谈不上了。

沟通中话不能随便说，要注意避开"误区"，才能表达得清楚明白，让话语掷地有声，让沟通更有效。

下面是说话过程中常见的"误区"，大致有以下几种：

1. "误区一"：说话含混不清，使用方言。

说话时语速要适中，口齿要清晰，切忌声音太小或者说得太快，让对方漏听部分内容。

"说得清、说得明"是让对方正确领会你的意思的前提，而这也是沟通的前提和基础。

另外，说话时要避免使用方言俚语，否则会让他人听不懂，弄不清意思。有些人说话时常用地方方言，这会造成沟通中的不便和障碍，所以学好普通话、使用好普通话，对沟通非常重要。

2. "误区二"：过度使用专业术语或堆砌辞藻。

与他人说话时要力求通俗易懂，尽量不要过多使用专业用语，更不要刻意堆砌辞藻。除了在一些特定场合要讲究措辞或使用一些固定词语、固定表达方式外，平常沟通要做到简单明了，突出重点。要用大多数人都能听得懂的日常语言表达，表述时要突出重点、明确主题。

很多人讲究寒暄，于是与人交谈时往往先说些客套话，这些并无不可，但如果寒暄太多，不仅浪费时间，而且会让他人觉得你说话啰唆，拖泥带水。

所以，说话时注意礼节是必要的，但不必说过多的客套话，客套话使用要适度。

3. "误区三"：说话时表情冷漠，语速或过快或过慢。

说话是一种表达情感和交流思想的方式，如果缺乏真情实感，表情呆板，内容枯燥，话题无聊，会让人失去听的兴趣。所以，说话时要配合相应的表情，虽说不一定非要"眉飞色舞"，但态度要温和真诚，表情不能呆板，内容要尽量表达得具体生动，让对方感受到你的诚心和诚意。

说话时还要注意语速，不能过快或过慢，因为过快会导致听者无法准确把握你所说的内容，过慢又会导致听者失去耐心。

每个人都有自由且独立的思想，每个人都有自己的世界观，每个人对于某一件事都有自己的认知和想法，沟通会让彼此更加了解对方的想法。有些人常常抱怨他人不了解自己，但事实上是自己没有与他人进行有效的沟通，没有与他人交流自己的真正想法。

而学会有效沟通会让人懂得换位思考，更加体谅彼此，有效的沟通能让人敞开心扉，与你沟通顺畅。

那么，怎样才算是"会说话"呢？

第一，着急的事，慢慢说，人越是在着急的情况下，话越容易说不清楚，慢些说可以让自己有更充足的思考时间，让思路更清晰，也能给予听者足够的理解和接受的空间。

第二，重要的事，要清楚地说，要直接切入主题，不要节外生枝，拉杂旁事。

第三，对于一些无关紧要的小事，可以轻松地说，或幽默地说，这样能取得很好的效果，拉近彼此的距离，加深彼此的情感。

第四，没把握的事情不要乱说，做不到的事情不要轻易答应。

第五，说话时要"对事不对人"，务必将这两者之间的关系分清，针对事情可以有不同的意见，但不能进行人身攻击。

第六，当自己伤心的时候，不要把心事随便对他人说；而他人伤心时，不要强行打探，记住每个人都有自己的隐私。

第七，说话要务实，不说不切实际的话，以免"增事"。

第八，不说方言俚语，少说专业术语，实在避免不了，一定要和他人解释清楚。

"会说话"是沟通的前提，也是做人的基本素质，"有效说话"能减轻摩擦、化解矛盾、消除误会、避免冲突，发挥沟通的最大效能。沟通需要科学的方法和准确的表达，需要有同理心和共情的能力，而先学会"说话"是增加这种表达能力的基础。

▎用声音的魅力为沟通增色

人的声音也是有"表情"的，人们常说"声临其境"，就是说出了声音的"表情样貌"。

任何人都可以从他人的声音中判断出说话者讲话是平和的还是急躁的，是轻松的还是严肃的；还可以判断出说话者的心情是兴奋的还是悲伤的，热情的还是冷漠的。

沟通是人们交流信息、传情达意、了解他人的一种直接而重要的方式。说话者内心的情感与思想活动能否很好地让他人接受，取决于说话者的沟通能力、表达能力，而说话者的声音特点是其中的一个重要因素。如果说话者传递的声音能让人感到悦耳与亲切，给人一种舒服的感觉，就能为沟通增色，更容易赢得他人的好感。

沟通时恰到好处地使用令人感到舒服悦耳的声音、语气，不仅能充分地表达出说话者的意图和情感，还能使说话的内容具体生动、风趣有味、亲切，富有感染力。

那么，如果使自己的说话声音悦耳动听，这其中有许多技巧。

比如，说话时要注意停顿、使用重音、掌握好节奏和语调等。

其中，停顿是指根据句子的逻辑关系和情感表达的需求，决定语音的暂停和继续。

说话时恰当的停顿有利于听者更好地理解、消化所听到的内容。一般来说，提出问题后稍做停顿，可引起听者思考；对要表达的情感发生变化时稍做停顿，可让听者回味；举出事例后稍做停顿，可引起听者的共鸣。

说话时适当停顿，还可使说话者趁机换气，调整自己的音量、语调。另外，说话时的停顿还能使说话者表达的内容层次分明，产生抑扬顿挫的韵律美，给对方留有回味的余地。

停顿有自然停顿、文法停顿、修辞停顿三种。其中，自然停顿是指讲话者在词语或句子间的自然间隔；文法停顿是指讲话者在句、段之后留有较长一些的停顿；而修辞停顿是指讲话者由于某种修辞效果的需要而做的停顿。

一般情况下，说话时稍有些短暂的停顿就可以了，而在某些特殊情况下，则需要较长一些的停顿。比如，在向听者提出某个问题、讲出自己的某个观点、道出某个妙语警句、讲清一个相对完整的事情之后，最好有较长一些的停顿。

沟通时为了更好地吸引对方的注意力，说话时还要有节奏变化，即要快慢结合。说话时节奏过快会令听者跟不上你的说话节奏，而说话节奏过慢又会显得拖沓沉闷，因此，说话时的节奏要快慢有致、快慢结合，即在说话时让发音的快慢、长短等有规律地发生变化，如在铺叙事件的发展变化或表达自己强烈情感时，语速可稍快；而表达愿望、要求、想法时，语速可稍慢；一般性的叙述用中速节奏就可以了。

重音是指在某个句子或字词上加重语音，表示强调，引起听者注意。

语调的变化因人而异，也可分为多种，同时还可根据说话的内容、对象、场合而进行灵活调整。

沟通时要想提高自己声音的魅力，为沟通增色，可以在日常生活中根据具体情景多练习，还可听一些著名配音演员的朗诵会或者听些著名演说家的讲演录音等。一般说来，沟通时如果掌握了这些技巧，说出的话就会抑扬顿挫，别人听起来也会有一种错落有致的节奏美，会为沟通效果增色不少。

人的声音经过训练是可以释放出个人魅力的。有些人先天有一副让人羡慕的好嗓音，这的确可以提升形象，但如果嗓音条件一般，经过后天的训练，实际上也可为沟通增色。

电话是现代社会人与人之间必不可少的沟通工具，如何正确、有效地利用电话进行沟通、约访，可以说是很多人或推销员的必修课题。概括而言，那些不礼貌、口气不好、没耐心、口齿不清、啰唆的电话是最令人讨厌的，而声音甜美、礼貌十足的电话则令人心情愉悦舒畅。

人天生对美的事物有好感，所以甜美亲切的声音也容易引起他人的喜爱。正因为这样，许多公司在招聘接线员时往往把声音是否甜美、声调是否适中、语气是否亲切作为首要标准。

除了接线员、推销员等工作外，其他许多职业也离不开声音的魅力。例如，西方很多成功的政治家都善用声音的魅力，即便有些人原生音质存在缺陷，也都后天通过各种方式提高、改善自己的音质，以使声音有魅力。

还有幼儿园的幼儿教师在给幼儿讲故事时也会充分运用声音的技巧，将故事展现的"有声有色"，用声音的魅力吸引幼儿的注意力。

声音是人的"第二张脸"。职场上，"好声音"会为自己增光添色；生活中，"好声音"会给自己提升个人魅力。

人有了一副好声音，讲出的话会好听、耐听，让人爱听。

每个人声音的可塑性其实都很强，只要方法正确，就能训练出给自己"添彩"的好声音。

▍合适的语调有助沟通

有的人说起话来，让人听了非常入耳；有的人说起话来，却让人不爱听。

讲话声音好听的人，很容易给别人留下深刻的印象。那么，什么才是说话好听呢？

这个问题或许没有一个标准答案，但有一点很明确，人在说话时，如果语调有高低、轻重、快慢的变化，就能形成美妙的声音；如果一直平铺直叙，从头到尾用一个语速，就会让人觉得所讲的内容枯燥，没有兴趣听下去。

同样一句话，使用不同的语调说出来，表达的意思可能完全不同。一般来说，人可通过升、降、平、曲四种调式来表达自己的不同情感，再加上高音、低音、重音、轻音的不同组合，让表达产生不同的效果。

语调是指说话或朗读时，句子有停顿，声音有轻重快慢和高低的变化，这些统称为语调。语调中声调是指一个字的音高变化，有阴平、阳平、上声、去声四种调类，也叫"字调"。总体来说，"字调"是贯穿整个说话过程的，在每个句子中都会体现。

一般来说声调跟语调之间是相互依存、相互制约的对立统一关系：语调存在于声调之中，它的总体音阶走势必须通过声调具体体现出来；而声调本身又受整体语调的限制。

人平时说话时要根据语调的特点和变化规律适当运用声调，这样才能使说出的话抑扬顿挫，给人以悦耳动听的美感。

那么，说话时的语调应该如何变化呢？一般来说，高音为升调，即句子调值由低到高，句尾发音往往最高，这种语调一般用于疑问句；低音为降调，即句子调值由高到低，句尾发音往往最低，这种语调一般用于陈述句、祈使句和感叹句。

人在说话时，每个词语在句中的表意作用各不相同。人们通常把关键词语说得比一般词语重些或轻些，而这种表达方式就是说话者运用语音的一种技巧，比如，用重音，目的是表达需要突出、强调的内容；而用轻音，目的是表达关切、关心。使用重音时还有重音重说和重音轻说两种方式。

通常，议论型的谈话，重音运用得比较多，甚至整段都用重音，以此来造成一种强烈的气氛，突出话语中所概括的主要内容、中心主旨，把谈话推向高潮，给听者留下深刻的印象。

还有些重音运用，既突出说话时某些关键的词、句和段落，从而突出表现某种思想观点，又能加强语言的感情色彩。所以，利用轻重音的起伏变化可以有效地传情达意，在沟通中是非常必要的。

重音常与停顿、语速变化和声调的抑扬组合共同使用，重音的程度不同，表达的效果也各异。一般而言，可分为以下几种：

一、明快型。

这是用于叙事和议论的一种说话节奏、表现为感情平稳，语调变化小，语气平和，语速呈中速或稍慢，重音和停顿较少。

二、凝重型。

这是抒发悲伤、激愤的情感所使用的一种节奏，多用于抒情性的谈话，语速较慢，节奏沉缓，重音与停顿较多。

三、激昂型。

这是抒发激昂、喜悦、愤怒、紧张等较为激烈的情感时所使用的一种说话节奏。具体表现为语调高扬，大起大落，语速快，节奏流畅，音色明亮，重音与停顿较多。

使用重音还有以下几种情况：

凡是具有对应关系或表示比较关系的词语，常读作重音；

凡是句子中列举的同类词语或排比句中表示排比的词语，常应重读；

凡是起照应、重复作用的词语，常重读。

除了声音的轻重外，语速的快慢也是影响表达效果的重要因素。人在说话时语速的变化，应当是自然的、顺畅的。如果语速使用不当，说话时就会缺乏快慢变化；而始终保持一个速度，也很难准确、充分地表达出说话者内心的思想及情感，令听者感到厌烦。

与他人交谈时，只有语速适宜、快慢有致，才能既有效地传情达意，又能令对方觉得声音优美入耳。

那么，语速变化应该遵循怎样的规律呢？

在进行一般性的叙述和议论时，语速可以适中，既不要太快，也不要太慢；当表达兴奋、激动、愤怒等思想情感时，语速就要快些；表达庄重、怀念、悲伤、失落、失望等思想情感时，语速就要放慢些。

在沟通时要视具体情况灵活运用语调，高低、轻重必须能有效地传情达意，或突出关键词、句，加强语言色彩，起到标注重点、美化和修饰的作用。

生活中只有多听多练，才能训练出适合自己的语调。每个人说话的声音大小、音域宽窄各有不同，训练时，可以试着发出各种音量大小不同的声音，仔细听听，找到一种最为合适的声音。切记，语言的威慑力、影响力与声音的大小是两回事，不要以为大喊大叫、着急快说就能说服和压制他人，或表达自己内心情感，声音过大、没有停顿地"急说"只能使他人产生反感。

在语言交流中，讲话的快慢将不同程度地影响你向他人传递信息的效果。语速太快如同音调过高一样，给人以紧张和焦虑之感。还有一个人说话太快，会让某些词语发音不清，他人无法听清听懂所说的内容，语速太慢、讲话拖沓，会使听者失去耐心、注意力不集中。

声音是人自然天成的"乐器"，动听与否就看人如何把握和驾驭。人的声音，是可以后天修饰的，虽然声带是天生的，但是声音却是可以通过后天的学习训练来"优化"的。

▌吐字要清楚，"用气"有技巧

说话是人的本能之一，更是一种极为重要的人类活动。说话时发声要清楚，嗓音要明亮，吐字要准确，这是对说话最基本的要求，这样才能把话说清。

有些人吐字不清，发音不准；还有人认为自己说话不悦耳，不喜欢自己发出的声音。

声音和相貌一样，虽是与生俱来的，但不是不能改变的。也许你的声音不如有些人悦耳动听，但只要经常训练，也能改变，变成悦耳的声音。

吐字发声最基本的要求是"上口"和"入耳"。所谓"上口"，就是指话讲起来通达流利；所谓"入耳"，就是指说话吐字清楚，发音准确，让人听起来非常顺畅，能听得进去。

体育节目主持人宋世雄在解说体育比赛时吐字准确、清晰，快而不乱，没有含混不清的地方，所以让人听起来既清楚，又舒服，还很有节奏感。

我们普通人或许无法达到这样的专业水准，但也可以学习一些吐字、发声的基本技巧，让自己在与他人沟通时，讲话时，声音更有魅力。

吐字、发声的基本技巧是：说话时一定要咬准每个字，嘴唇要有力，发声要清晰；口型应该是圆的，而不是扁的；发出的声音应该是立体的，而不是扁平的。训练自己运用上述这些技巧，就能让自己发出的声音听起来清脆悦耳、干净利落。

而为了把字吐清，把音发准，一定要以普通话的字音为标准进行练习。

还有，说话时想要表达的意思如果用一个句子表达显得过长，可以把长句换成几个短句；把让人听起来可能会产生歧义的词语和字换成语意更明确的词语；把单音节词换成双音节词；把生僻词换成常用词；把拗口词换成通俗易懂词；少用或不用倒装句，多用陈述句……这样，在说话时便能说得清楚明白，便于他人理解。

人要想吐字清楚，必须做普通话的训练，即在讲话时少说或不说方言俚语，这样才能提高自己的说话水平，更好地与他人沟通。

由于每个字都是由一个音节组成的，而一个音节又可分成字头、字腹、字尾三部分，这三部分从语音结构而言，大体上字头就是声母，字腹就是韵母，字尾就是韵尾。人要想做到吐字清晰，咬清每个字很重要。

咬字时还须注意"用气"的技巧，有些人"吞气"，同时说不清话。下面简单介绍一些"用气"技巧。

1. 善用语气

说话时要注意语气的合理使用。如果使用得好，可以为说话增色；如果使用得不好，不但弄巧成拙，还可能会让人觉得说话者矫揉造作。

一些语言大师根据语音学中的音素、音位等原理，以及人们说话时用声用气的规律，结合说话场合的需要，总结出一些语气的使用法则。

一是轻声小气。

这种语气能表现出说话者的尊敬、谦恭、谨慎之意。在和别人说话时，使用这种语气可以让听者感受到你的敬意与诚意。但用这种语气来坚持意见、反驳别人、维护尊严或表示强调则是不恰当的。

二是高声大气。

人们通常使用这种语气来说理，强调并表达自己激动的心情，这种语气可以表现出说话者的激情和强烈愿望，通常伴随慷慨激昂的态度和言词。

三是柔声和气。

这种语气宛如柔和的春风与月光，又如潺潺的溪流，从人心底流出，轻松而自然，和蔼而亲切，能给听者舒适、细腻、亲密、友好、温馨的感觉。

人们在向他人请教、询问、安慰他人或陈述意见时常使用这种语气，尤其是在抒发情感时，运用这种语气更能增加语言魅力。

四是唉声叹气。

生活中并非总是充满阳光，不如意的事也常有，人们时常会遇到一些令人忧心苦闷或自己力不能及的事情。此时运用这种语气可以表达出说话者内心苦闷、抱歉、追悔、内疚的心情。而在某些特定的情况使用这种语气，可以强调内心的情感。

五是泣声悲气。

当说话者感到悲愤、伤感时，说起话来便可能会带有一种无意识的悲凉之气。人借此语气能表现出内心极度的哀伤之情，以唤起听者的怜悯和同情。

除了上述几种常见的语气类型之外，许多人还会根据不同的场景选择使用不同的语气，这就要求我们平时多总结、多观察，结合语气与语义的关系，选用恰当的语气，以便能更好地表达自己的讲话意思。

2. 会用气息

说话时的气息是人们吐字发声的动力，就像汽车上的发动机，它是发声的基础，讲话者能否正确地使用气息，对说话发声是否流畅有着直接影响。

气不足，声音无力，说起话来软绵绵的，没有力度；气过量，嗓音又太尖，声音则会刺耳。所以，要想在说话时让声音和谐动听，首先要学会用好气息，还要学会在说话中如何换气。

下面讲解一下说话时用气和换气的基本技巧：

一是吸气要深，呼气要慢而长。

吸气时要吸得深，小腹收缩，整个胸部要撑开，尽量把更多的气吸进去，而且，身体要保持自然，挺胸收腹，不要提肩。

呼气时要慢而长，让气慢慢地呼出，可以把两排牙齿稍微合上，留一条小缝让气息慢慢地通过，这样才能有足够的气息为发音提供动力。

二是换气要找准"气口儿"。

说话时如果想换气，"气口儿"是最佳换气处。话出口前要先吸气，把握好吸气与开口的"时间差"，这样说话时才能底气足。

说话时找准"气口儿"，换气就会很自然，不易被人觉察，不会因换气而影响说话。

但要注意，不能边说话边换气，这样会使说出的话断断续续，影响表达的效果。

三是换气时不要提肩。

如果在换气时提肩，胸腔内部会"变空"，发出的声音就会"发虚"，而且姿态也不好看。

在学习换气技巧时，可以多做一些这样的练习：深吸一口气，读一段较长的文章，在此期间尽量避免喘气。

四是用好气息，不要有"喝气"声。

出现"喝气"声，是用口吸气造成的，由于口吸气会导致舌面干燥，冷气刺激声带，声带湿润度降低，于是出现"喝气"声，影响讲话效果和质量。

沟通时若想做到吐字清楚、发声入耳，平日要加强练习，尤其是要掌握说话用气的要领，让说出的话流利而顺畅。

▍优雅的谈吐让人喜欢

　　谈吐优雅的人，他们身上好像有种吸引力，吸引人们乐意和他交朋友。谈吐优雅的人善于进行人际交往，与人交流的时候，表现得大方自然，不唯唯诺诺。他们面带微笑、态度真诚地与人讲话，拉近了人与人之间的心理距离。而他们优雅的谈吐更是让人感到亲切，让人愿意与他们交谈、交往。有人说，优雅的谈吐需要微笑来衬托，一点都不错。

　　谈吐优雅的人，说话的语调也很优雅。他们在与人交流谈话时会注意控制自己的语调，不太大声也不太小声。

他们运用柔和的语调，让听者感到舒服。当双方观点发生分歧的时候，他们也不会因情绪影响而提高语调，他们认为有理不在于声音大，只要讲道理、摆事实就可以了。

谈吐优雅的人在与他人交往时显得很有魅力，他们能表现出高雅的内在气质，为沟通增色，让他人对自己产生好感。

那么，如何培养优雅的谈吐呢？以下几点可供参考。

1. 待人态度诚恳、亲切。

首先要注意说话时的神态和表情。说话是为了向人传递自己的思想感情和内心世界，因此态度尤其重要。

例如，当你向别人表示祝贺时，如果嘴上说得十分动听，而表情却是冷冰冰的，那对方可能会认为你只是在敷衍。

所以，要想拥有优雅的谈吐，首先要做到态度诚恳亲切，这样才能让对方相信你说的话。

与人交流必须要真诚，这种真诚一定是发自内心的。任何人都喜欢与真诚的人交流，真诚的态度会换来对方对你的好感，换来良好的沟通效果。

2. 用语谦逊、文雅、有分寸。

优雅的谈吐是一个人懂文明、有教养、有才智的体现。

讲话时言谈举止要落落大方，多使用文明用语，耐心倾听他人讲话，不随意打断别人说话，不随便接话，还要懂得看对方的表情，分析对方话中表达的意思。

与人交谈时要谦虚谨慎，注意把握分寸，不说过头的话，不说夸大炫耀的话，要培养良好的语言习惯。

交流时还要注意用词，比如，称呼对方为"您"；用"贵姓"代替"你姓什么"；用"不新鲜""有异味"代替"发霉""发臭"等。

另外，还要根据具体生活场景学会选择讳词，比如，在一位陌生人家里做客需要用厕所时，应说："我可以使用这里的洗手间吗？"或者说："请问，哪里可以方便？"这样比直接问"厕所在哪"显得更有礼貌，更容易给别人留下好印象。

3. 说话时声音大小要适当，语调语气应平和沉稳。

要想做到谈吐优雅，控制音量很重要。我们经常在公众场合听到一些人旁若无人地大声说话，其中有一些人是天生的大嗓门；有的人是因为听力差；又或是因为已习惯大声讲话，认识不到在公共场合应该放低音量。

要想成为一个谈吐优雅的人，说话时声音要有高低起伏，咬字要清晰，音量要适度，以对方听清楚为宜，不应过大或过小。语调要平稳，使听者感到亲切自然为宜。

4. 该说的话说，不该说的话不说。

讲话时要言之有物，说到"点子上"，绝不能唠唠叨叨、说人闲话、说三道四、言辞粗俗。

在开口之前，要认真思考自己所说的话是否必要，是否恰当，要注意措辞得体。

5. 学会倾听。

倾听是一种了解别人的方式，更是一种与人交往的智慧。懂得倾听的人会站在对方的立场上看问题，能理解和体谅他人，避免自己主观臆断。

对于他人来说，善于倾听的人就像一个让人缓解压力、获得宁静的港湾，这样的人很容易让他人产生亲近感。

懂得倾听是成熟的标志，也是最有效的沟通技巧。与人交流时要懂得倾听，不能只顾着自己滔滔不绝地说，还要注意聆听对方的想法。当他人和你说他的事情时，要专注、认真地倾听，同时也要表达合理的意见，如果双方观点不统一，以尊重他人的意见为好。

6. 养成礼貌的说话习惯。

礼貌是中华民族的传统美德，反映着一个人的教养和文明程度。我们在说话时应多使用礼貌用语，例如，对帮助你的人诚恳地说声"谢谢"；遇见不太熟的人尽量先打招呼，让礼貌成为你的一种习惯。

讲礼貌不应虚情假意，要有真诚的态度。

7. 尊重每一个人。

做人要学会尊重他人。尊重他人是一种美德，更是中华民族五千年来的优良传统。而尊重他人，表现在"放下架子"，不高傲，用平常心礼貌、真诚对待他人。

8. 不随意评论他人。

人不应在背后议论他人，评论他人，即使有人与你谈论涉及此类事情时，也要委婉地、礼貌地拒绝。古人说："静坐常思己过，闲谈莫论人非。"

背后议论他人是非、随意评论他人，都是种恶习。任何人都不会十全十美，每个人都有自己的缺点和问题，所以对待他人应做到"严于律己，宽以待人"，与其议论他人、随意评论他人，不如多反省自己。

有句话叫"知人者智，知己者明"，认清他人需要时间、认识过程、做事情，而了解自己则需要剖析自己，这样才能不断提升自己。

9. 学会赞美。

每一个人都有优点和缺点，对于他人的优点，我们要学会赞美，但要注意赞美的尺度，要实事求是，不要夸大其词；而对于他人的缺点，在必要的情况下，委婉地指出来，这样他人才更容易接受并感谢你。

赞美别人，有时候只需几句简单而真挚的话语；有时候也许只需一个鼓励的眼神，或只需一个"加油"的手势，或只需一阵热烈的掌声……

只要用心去寻找别人的长处，就会发现许多方式都能表达自己的赞美之情。

10. 控制情绪。

情绪是人的本能反应，但情绪是可以控制的。人控制住情绪，才能控制自己的人生。人要有自控力，无论遇到多么让你生气的事，都不要把自己的烦恼施加到别人身上。

人的情绪跟认知有很大的关系，当认知角度不同时，产生的情绪也会不同，所以当出现不良情绪时，要多换角度去思考，对事情做出新的理解，以求跳出原有的局限，获得积极的情绪体验，并以更好的状态与他人进行交往。

优雅的谈吐能反映出一个人的良好修养，它是由多方面因素综合体现出来的，沟通时要注意细节，因为很多细节总是能很真实地反映出一个人的本来面貌。

▌做个"能说会道"的沟通高手

很多人认为自己嘴笨、"不会说话",其实嘴笨、"不会说话"的人是因为与人交流得少,缺乏当众讲话的机会,口才训练不够,所以不爱说话、不敢说话,影响了表达能力和沟通能力的培养。

而那些"会说话"的人往往比较爱说话,不惧说话,进而熟能生巧,再加上有意识地训练自己的口才,他们的"能说会道"就慢慢训练出来了。

拥有好口才不是件容易的事,要正确看待自己嘴笨、"不会说话"这件事情。嘴笨、"不会说话",并不代表自己其他方面比别人差，因为每个人都有自己擅长的方面，不能因为嘴笨、"不会说话"就全盘否定自己。要建立起自信，敢于去改变自己。

训练说话有多种形式，可以多看训练口才方面的书，培养自己多一些兴趣爱好，多参加活动，多经历事情来增加自己的见识，知道的多了，和人说话时自然就能找到话题。同时，在一些活动、社交场合上也可以看看别人是怎样说话的，多向他人学习。当然，说话的时候需要认真思考，不要贸然说出伤害别人的话，以免造成误会。

还有，经常练习大声朗读，也是一个很好的训练口才的方法，因为，通过大声朗读可以纠正发音习惯，纠正字音不准确的问题。同时，大声朗读还可以使人建立自信心。大声朗读时一定要注意把每个字的读音都读得清楚，这样有助于讲话清晰。做这种练习时心态要平和，练习时要讲究方法和技巧，才能一步一步地提高自己的讲话能力。具体而言，可参照如下方法：

1. 遵循循序渐进的原则。

口才能力的提高，与其他能力的提高一样，都有一个循序渐进的过程，循序渐进是培养口才、提高语言运用能力的一条重要原则。

人千万不能期望"一口吃成个胖子"，一天就练成好口才。应当踏踏实实、一步一个脚印地学习、提高。比如，既要学习如何会说话的理论知识，又要开展口才技能的实践、锻炼，这是一个循序渐进、由易到难的过程。

在锻炼口才的过程中，要做个有心人，多学习、多观察、多实践，及时肯定进步，找出不足，分析说话时经常出现的问题，并找到解决这些问题的方法。

好口才的练成靠的是坚持不懈地努力，这样口才能力才会得到不断提高。

2. 提高综合素质。

好口才是一个人的良好修养与综合素质的体现。要想拥有好口才，就应该注重在思想、品德、意志、智力等方面的训练，使自己具有高尚的道德品质、丰富而健康的情感和坚韧而持久的意志，同时多涉猎各方面的知识，提高观察力、记忆力、概括能力、分析能力、推导能力、想象力和应变能力，从而使思维敏捷，练就一副好口才。

3. 模仿训练。

模仿是每个人都会的，有意识的模仿也是一种学习的过程。向说话能力强的人模仿、向演说家模仿，都会使自己讲话能力提高。这样经过不断的模仿练习，口才也会越来越好。

4. 多做实践训练。

要想练就一副好口才，除了具备一定的知识，还要进行实践训练。在实践中有意识地提升自己的表达技能，尤其是当众讲话的能力。

人和人之间的交流都是你一句、我一句，如果你一下子说得太多，对方也接受不了。正确的方法是先说一句自己的感受，对方说完你再接着说自己的感受，但如果是要说比较重要的事情时，就要先说出自己思考的重点。

当你认为自己"嘴笨"、"不会说话"的时候，不要对说话有恐惧心理，应多和别人交流。比如，去买菜的时候，和卖菜的阿姨拉拉家常；去参加活动的时候，找人聊聊天，尽量让自己有说话的机会，和认识的人、不认识的人都去说一说，说多了，你就会发现自己讲话变得不再困难。

有些人担心自己说出来的话听者不喜欢听，或者怕说错了受到嘲笑，这都是没有自信的表现。其实犯错不可怕，人生就是一个不断进步不断成长的过程，所以别怕，勇敢迈出第一步，即使犯了错也可以从中学习、吸取教训，提升自己的能力。

5. 练胆量。

有些人胆量过小，有些人性格内向，这些都可能影响说话能力的提高。

练胆量首先要有决心，要充分认识到克服胆量小问题的重要性，并且坚信自己能做到这一点，这样才能有一种发自内心的力量，支持你去面对各种自己或别人给予的有意识或无意识的挑战，练胆量还是从内心不惧怕开始，要从心里认为自己经过锻炼是可以做到的，要相信自己一定行。

著名演讲家、英国前首相丘吉尔，就是经过勤奋刻苦的练习才拥有了卓绝的口才。他的儿子伦道夫在书中这样写道："我的父亲之所以能成为世界上最杰出的演讲家之一，就是因为他把毕生的精力都用在练习演讲、写演讲稿和记忆这些讲稿上了。"

由于丘吉尔对演讲的酷爱和刻苦练习，使他具有了绝佳的演讲能力。直到今天，人们对丘吉尔那富有激情的演说仍津津乐道。

很多人都希望能够在众人面前妙语连珠，展现自己的风采，树立自己的良好形象。然而，好口才并不是与生俱来的，是靠刻苦练习得来的，历史上那些能言善辩的演讲家、雄辩家，都是靠刻苦练习才拥有好口才的。所以，我们要增强信心，激励自己有目的地学习和练习说话技巧，这样才能练成好口才。

古希腊著名演说家德摩斯梯尼曾经口吃，说话时常被人嘲笑。但他始终对自己充满信心。为了克服口吃的毛病，他每天清晨口含小石子，练习说话，终于成为了演说家。

一个人的口才与后天的学习和练习有很大的关系。人要想练就一副好口才，就要一丝不苟，刻苦练习。只要肯下功夫，"笨嘴"可以变成"巧嘴"。

在刚开始练习讲话的时候可以慢一些，多给自己一些时间去清理思路、组织语言，要尽量让听者明白你要说的是什么，不要急于一下子说出来，要慢慢把话说清，否则，会表达不清楚自己想说的意思，这样沟通的目的就达不成了。

狄里斯在西欧被称为"历史性的雄辩家"。但是，在没有成为雄辩家之前，他口齿不清，别人经常听不清他在说些什么。

狄里斯知识渊博，十分擅长分析事理，善于预见时代潮流和历史发展趋势，但由于他缺乏说话技巧，不敢当众讲话。

一次，他准备好了精彩的演讲内容，走上了演讲台，不幸的是，他遭到了彻底的失败。

狄里斯没有灰心，他开始努力地练习演讲。他经常到海边，对着浪花拍击的岩石放声呐喊；回到家中，他又对着镜子观察自己说话的口型，做发声练习。

狄里斯努力了好多年，当他再度登上讲台演说时，博得了众人的喝彩与热烈的掌声，并一举成名，成为著名的演说家。

好口才不是天生的，没有哪个人生下来就能言善辩，拥有好口才的人，都是在不断地磨砺中练就自己的本领的。所以，多下功夫刻苦地练习口才，就能拥有一副好口才，成为能说会道的交际高手。

▌沟通前要做好"功课"

俗话说："凡事预则立，不预则废。"工人盖一幢高楼，施工前需要有蓝图，按图才能筑起万丈高楼；农民耕种之前，要先做好准备工作，才不至于事到临头慌里慌张、乱了阵脚；沟通也是一样，不能打无准备之仗。

沟通前，要把沟通的内容、方式等好好斟酌一番，要经过认真细致的思考，这样说起话来方能舌绽春蕾，口吐莲花，话语顺畅流利，优雅动人。

那么，沟通前要做好哪些"功课"呢？

1. 明确沟通的内容。

首先，沟通的内容必须要实事求是，绝不能信口开河、弄虚作假。其次，在选择话题时必须考虑听者的兴趣，结合听者的年龄、职业、爱好等基本情况，做到有的放矢。第三，沟通时还应观点明确，切忌冗长拖沓，条理不清，没有逻辑。倘若他人听不明白，沟通就无法进行下去。

沟通时要注意围绕一定的主题展开，不可"东一榔头西一棒子"，要突出重点，逻辑性强。

有些人沟通时主题不明确，表达时又缺乏逻辑，说不清自己的想法，这给沟通带来不少麻烦，也让听者不知所从。所以，沟通时应确立明确的主题，尽快点明主题，以免得他人听得不耐烦。

沟通时应该把目的、主要内容全面反映出来，也就是告诉对方你要讲的是什么。有了明确的主题，才能把话说到点子上。为了让主题集中，观点鲜明，在表达自己的观点和思想前，要先做好"功课"，要对自己的主要思想、观点或论点进行仔细思考和推敲，力求对表达内容有足够的认识，同时让自己所讲材料为主题服务，绝不能东一句西一句，不分主次。否则，缺乏了中心及为中心服务的材料，所说的话杂乱无章，听者就会听不明白。

2. 说话要有条理。

有些人说话条理不清，甚至把简单的事越说越复杂。其实说话的目的是要让他人听得懂，所以讲话要有条理，不能东拉西扯、前后矛盾、随心所欲，想怎么讲就怎么讲，这样会让人摸不着头脑。

说话前要认真考虑清楚，说话时要做到言之有序，按照一定的逻辑顺序说，保证让他人听得懂。

说话要有主题，围绕主题需条分缕析，前后照应，这样听者会很快清楚所谈之事。通常，一件事有开始、发展过程和结尾，讲话时也要按照空间位置的转换来展开话题，当然也可以按时间顺序逐步叙述，让话题有条不紊，千万不能一会儿讲现在，一会儿讲过去，或一会儿说这件事，一会儿又插入另一件事，结果哪件事都没说明白，让听者无所适从。

说话要想有条理，还要注意说话的内容要前后照应，前边说的要与后边说的能衔接上。话说得合不合适，能否取得好的效果，不仅取决于谈话的对象、目的、场合，更取决于讲话者"上下文"的关联。如果说话时不注意前后照应，那么，听的人就无法理解说话者究竟要表达什么意思，容易引起理解上的歧义。

因此，在讲一段较长的内容时要事先考虑前因后果的逻辑性与上下文的关联和协调，对于先说什么、再说什么、最后说什么，要做到心中有数。

3. 说话要有逻辑性。

说话有逻辑性，反映了一个人思维清晰，有条不紊。

要言不烦，才能使说话的内容中心明确，有条理。因此，想做到好口才，要培养自己说话的逻辑性，掌握语句连贯的技巧，这样才会不断提高说话的能力。

要使说出的话逻辑性强，就要做到：确定合理的思路，说话围绕中心话题，从结构上注意讲话有必要的过渡和前后照应，条理清晰，每句话之间有着自然的联系，表达的意思层层递进，不可扯东扯西，更不能语无伦次，最好一句接着一句，顺畅地表达出所讲的内容。

那么，怎样才能在说话的时候做到条分缕析、逻辑清晰呢？

首先，说话之前梳理一下自己掌握的信息，按一件事的发展顺序叙述。比如，发生了一件事，可以先说事情发生的时间、地点，再说事情发生的过程，让人听清楚、听明白。如果语无伦次，东说一句西说一句，就会表达不清，让听者不得要领。

其次，说话要主次分明，层次井然，逻辑性强，围绕中心话题和重点展开，合理把握说话的节奏，这样既不会使听者听起来感到乏味，又能吸引听者的注意力，使听者保持良好的"听知状态"，从而使谈话顺利地进行。

当然，要想做到说话有逻辑性，条理清楚，以下几种方式也可供借鉴：

（1）递进式。

这种方式是指逐层地阐明问题，逐步把道理讲清楚，可以由表及里，由浅入深，也可以由小及大，由少及多，总之，既要符合客观事物的发展规律，又要符合听者的认知规律。这种叙述方式，结构缜密，具有较强的逻辑性。

（2）并列式。

这种方式是把所要说的几个主要问题排列起来，一个一个地阐述。如果所说的几个问题是彼此独立且地位、重要性相当的，就可以采用这种形式。

（3）总分式。

这种方式是指先提出总的观点或主张，然后从几个方面分别加以阐述；或者反过来，先分别阐述问题，然后再归纳总结。

在总分式结构中，分的部分往往采用并列式结构。

（4）对比式。

运用对比式阐明问题，可以是正反对比也可以是新旧对比，可以是时间对比也可以是空间对比，还可以是问题的性质与类型对比。这一方式的特点，就是在对比中突出正面观点或主要问题。

以上几种方式，最好是综合使用，也可以以一种方式为主、其他方式为辅，或总体上使用某一种方式、局部使用另外几种方式，这样效果才会好。

4. 增强语言的说服力。

人都有自己的想法，当双方想法发生分歧时，想让对方接受你，或需要说服别人，就要增强语言的说服力。那么，怎样才能说服别人呢？

首先要把自己表达的意思说出来，其次，说服他人，首先要能说服自己，如此才能达到说服的目的。

有效地说服他人是需要一定技巧的，下面介绍一些常用方法，让你学会使用具有说服力的语言。

（1）巧妙分解转化，用形象化的方法增强说服力。

有时直截了当地陈述自己的观点可能会让对方一下子难以接受，无法说服他人。

此时需要动动脑筋，把话说得巧妙些，比如，采用分解转化的方式，帮助对方更好地理解你的想法，进而产生认同。再比如，可以把一个很大的项目分解，采取分别叙述的方法，这样听起来不仅清楚，而且可随时询问听者的意见，掌握听者对谈话的想法。

（2）用数字对比加强说服力。

有些问题如果仅仅用语言描述可能会缺乏客观性和量化标准，不足以让人信服，但如果在说服他人时能用数字来证明自己的观点，那就非常有说服力了。

（3）适当重复，加强说服力。

重复自己的观点也是说服他人的一种方法，但在使用时要注意适度，否则，听者会因为你的话重复次数过多而生厌或者认为你偏执、固执，产生反感心理，加重对立情绪。

中 篇

沟通的艺术在于真诚

→ 寻找共同心理，说出"得体"的话

→ 掌握对方心理，才能更好沟通

→ 克服沟通时的紧张情绪

→ 真诚的沟通表现在一言一行

→ 用乐观和幽默感染对方

→ 营造融洽的互动式沟通氛围

→ 倾听在沟通中的神奇作用

→ 沟通时的开场白很关键

→ 谦虚谨慎赢得好人缘

→ 不在背后议论人

→ 一诺重千金，三思而后行

→ 真诚地表达对别人的赞美

寻找共同心理，说出"得体"的话

生活中难免要和自己意见不统一甚至意见相反的人沟通交流，要想与这些人顺利沟通，让他们认同自己的想法，就要了解他们的想法，寻找共同心理，引起他们的共鸣，设法打动他们，使他们同意自己的观点。

如果不去考虑他人的想法，不去设法让他人与自己产生共鸣，只顾表达自己的观点或者试图以强硬的态度说服对方，往往会事与愿违，加深双方的分歧。

想让他人与自己产生共鸣，需要一定的方法和步骤，一般来说，分为四个阶段：一是导入阶段，即心理接触的初级阶段；二是过渡阶段，即心理接触的中级阶段；三是正题阶段，即心理接触的高级阶段；四是结束阶段，即双方最终达成共识的阶段。

控制好这四个阶段的进度，晓之以理，动之以情，就能让对方信服并认同自己的观点。

其中引起他人共鸣的具体方法，以下几种方式可供参考：

1. 选择别人感兴趣的话题。

俗话说："话不投机半句多。"每个人都有自己感兴趣的话题，聪明的人会先找到他人的兴趣点，"投其所好"，使得交谈能够愉快地进行下去，最终达到自己的目的。

艾米丽善于分析他人的心理，与人交流沟通时总能抓住他人感兴趣的话题就此展开谈话，她和别人都非常愉快，大家也十分尊重和爱戴她。

一天，一个大学生向艾米丽申请一笔学生贷款，后被批准了，事后这个大学生专程来向艾米丽道谢。

正要走时，艾米丽说："你有时间吗？如果有，请再坐一会儿。"这位学生坐了下来，艾米丽说："听说你在自己的房间自己做饭吃，是吗？我上大学时也这样做过。我做过煮牛肉，你做过没有？这道菜要煮得很烂，这可是一道很好吃的菜！"接下来，她详细地告诉这个学生怎样挑选牛肉，怎样切碎，怎样用文火焖煮，然后放冷了再吃。"你吃的东西必须有足够的热量。"艾米丽说。

多么亲切的艾米丽！有谁会不喜欢这样的人呢？

选择别人感兴趣的话题能更好地交流下去，这样你说的话也能够直达他人心灵深处，引导他人和你谈论他最感兴趣的事情，这能在无形中让对方对你产生好感，从而拉近彼此之间的距离。

2. 说话要注意场合。

俗话说得好："到什么山唱什么歌，在什么场合说什么话。"

谈话双方对于话题的选择与理解，谈话时的心理反应以及交谈结果，无不与谈话的场合有直接联系。所以，一个人的谈吐以及谈论的话题性质必须跟所处的场合相协调，讲话时要注意身处的环境和面对的人。

在不同的场合，面对不同的人，要用不同的方式说话，这样才能取得理想的交谈效果。假如一个人说话随便，不考虑所处的场合，说出不合时宜的话，不但会引起误会，还可能伤害或得罪他人，造成不愉快的气氛，让大家都难堪。

有的人说话不注意场合和氛围，在内容、措辞、语气等方面不注意，说话不礼貌，任凭自己性子来，要么大声嚷嚷，要么当众说人有问题，全是自己对，他人无法与之对话，出现这种情况时双方都会很尴尬。

一位毕业于某大学中文系、勤勤恳恳工作了几十年的老教师退休了。为此，学校为他和另一位曾多次荣获过"先进教师"称号的退休老同志举行了一个欢送会。

会上，领导和同事对他们的工作成绩和为人进行了非常得体的肯定和赞扬，尤其对那位曾多次荣获过"先进教师"称号的老同志的赞誉比较多。

当这位没得过"先进教师"称号的老教师发言时，他说："十分遗憾，我从来也没有得过一次'先进教师'称号……"

刚说到这，坐在他对面、平日与他相处得不太融洽的一位青年教师突然抢过了话头，说："不，是我们不好，不是你不配当'先进教师'，都怪我们未曾提你的名。"

青年教师的话语中带着让人感到十分难堪的"刺"，那位老教师不知该如何作答，一时间会场中的气氛凝重起来。

一位领导见形势有些不妙，马上把话茬接了过来，此时他本该缓和一下气氛，避开敏感的"先进教师"这个话题，转而谈论其他话题，但是，这位领导却开始反反复复地劝慰起那位没得过"先进教师"称号的退休老教师，叫他对"先进教师"的荣誉称号不要太在意。

其实这位领导的一席话，等于是把本应避而不谈的话题又做了重复和强调，使本已尴尬的局面变得更加尴尬。

从这个例子中我们可以看出：说话不看场合，随心所欲，想到什么就说什么，这是"不会说话"的表现。人在说话时一定要看场合，因人而异，因事而异，尤其要注意观察周围的每一个人，不要忽略他人的感受，以免因口不择言而冒犯了他人，让他人不满。

还有些人"不会讲话"是因为想问题往往想得简单，因而会无意中语出伤人，那么，怎样在不同的场合、不同情况下说出得体的话来呢？

（1）有"自己人"的场合和有外人在的场合。

说话要内外有别，与亲密的人可以无话不谈，或说些亲密的话或善意地提出批评和建议，甚至可以发发牢骚、说说心中的苦恼。

但是，如果对不熟悉的人也这样"直言不讳"就不合适了，可能会引起对方的误会。

（2）正式的场合和非正式的场合。

有的人说话教条刻板，味同嚼蜡；有的人在公共场合讲话随心所欲，这都是没有分清正式场合与非正式场合的表现。

人要养成良好的语言习惯，在正式场合说话就应该严肃认真，事先要有所准备，不能胡扯一气；在非正式场合就可以随便一些，像聊聊家常等，不必太过严肃或拘泥，这样便于交流情感，拉近双方的距离。

（3）庄重场合与日常场合。

在庄重的场合说话一定要认真、严肃；而在日常场合中，说话可以稍微随便些，没有必要故作深沉，一板一眼，否则，会让人感觉不自在，甚至使双方关系疏远。

（4）喜庆场合与悲痛场合。

在别人办喜事的时候，千万不要说悲伤的话；在别人悲痛的时候，也千万不要说些开玩笑的话，这些都是没有礼貌、"不会说话"的表现。

所以，遇喜事场合要说喜庆的话，悲痛场合要多说安慰之语。

▎掌握对方心理，才能更好沟通

射箭要看靶子，弹琴要看听众，写文章要考虑读者的需要，沟通也要考虑对方的心理，要因人而异，这样才能沟通愉快，交流顺畅。

沟通能力看起来是一项独立的能力，其实它是个人素质的综合体现，它"连接"着一个人的学识、能力和品德等诸方面。只有掌握了他人心理，才能进行有效沟通。

一个理发馆的理发师嘴特别巧，能说会道，顾客听得心里舒服，所以到他那理发的人特别多，理完发后心情还特别好。

有一次，他的徒弟为一位顾客理完发，顾客照照镜子说："唉，头发留得似乎太长了点儿。"

这个理发师在一旁微笑着对顾客说："头发长，让您显得较为含蓄，这叫藏而不露，很符合您的身份。"

顾客听罢，高兴地走了。

又一次，他的徒弟给一位顾客理发。理完后顾客照照镜子说："嗯，不错，就是头发剪得有些短。"

这个理发师微笑着说道："头发短，让您看着格外精神、有活力，给人一种亲切的感觉。"

顾客听了，也欣喜地离开了。

还有一次，他的徒弟给一位顾客理发，理完后顾客一边交钱一边笑道："呵呵，花的时间挺长啊！"

这个理发师笑着说："为'首脑'多花点儿时间是应该的啊，您应该听说过'进门苍头秀士，出门白面书生'吧？"

顾客听罢，大笑着十分满意地走了。

小徒弟很勤快，见又来了顾客，马上开始给顾客理发，理完后，顾客一边付款一边笑道："动作挺利索，十来分钟就剪完了。"

理发师笑着答道："现在，时间就是金钱，'顶上功夫'应当速战速决，这就为您赢得了时间和金钱，何乐而不为呢？"

顾客听了，笑着告辞了。

这位理发师对于不同的人说不同的话，使每一位顾客都听得很舒服，理发馆的生意自然兴隆。

"见什么样的人，说什么样的话"，是有技巧的。很多人在处理本来很简单的事情时，由于话说得"不得体"，把简单的事办成了复杂的事，这是不懂沟通心理学造成的；而有些人处理复杂的事，由于说得"得体"，复杂的事变简单了，这是懂沟通心理学的结果。

在人与人沟通和交往的过程中，掌握对方的心理非常关键。只有了解了对方的"心思"，才能把话说到他人的心坎上。那么，如何做到"见什么人，说什么话"呢？

1. 要根据对方的性别使用不同的语气。

对男性，可以适当地采取较爽快的语气；对女性，则要柔和委婉一些。对男性，可以快言快语，对女性，最好条理清晰，娓娓道来。

2. 注意对方的年龄。

对年轻人，可以采取较具感染性的说话方式，引起对方的情绪共鸣；对中年人，应当以理明人，供其斟酌；对老年人，采用商量的口吻就显得尤为重要，其次要对他们表现出尊重的态度。

3. 地域的差异不容忽视。

不同地域的人性格特点是不同的，所以选择的谈话方式也应因人而异。比如，对北方人，可采用直爽的态度；对南方人，则应委婉一些。

4. 注意工作性质的差异。

面对从事不同工作的人，若是能运用与其专业知识相关的语言交谈，则能极大地获取对方的信任。

5. 注意性格方面的差异。

如果对方是一个性格直爽的人，交谈时就可以直奔主题；

如果对方性格比较含蓄，则要采取"迂回战术"；如果对方性格多疑，那么最好不要急于解释，应该不动声色，让其自行打消疑虑。

6. 注意文化背景的差异。

通常，若是交谈对象是文化程度较低的人，那么，所采用的说理方法也应简单明确，比如，可以考虑适当地使用一些具体的数字和例子，使自己所说的内容更形象、更直观，便于理解；若是交谈对象是文化程度较高的人，则可以采取抽象的说理方法，对所谈问题进行深入交换意见。

7. 注意兴趣爱好方面的差异。

若是一个人有某一方面的兴趣爱好，在与之交谈时提及他的爱好，他往往会兴致盎然，也容易对你产生好感，愿意与你进行交谈、交往。

总之，"见什么人，说什么话"，是在对对方有深入了解的基础上，如果不了解他人，就要谨慎说话，尽量说出恰如其分的、符合他人心意的话。这样，才能在交谈时"左右逢源"，让谈话顺利进行下去。

交流是双向的，因此，说话时不能想到什么就说什么，而要看对象说话。从对象的不同特点出发，根据其社会地位、喜好、身份等采用不同的说话方式，从而创造一种和谐的、融洽的气氛，让双方都感到舒适，达到交谈的目的。

若是说话时不分对象，不注意说话的分寸，不但不能起到良言暖心的效果，还可能会伤害对方的情感，使自己的善意被误解。

如果对自己的交谈对象不是很了解，不确定对方会对什么样的话题感兴趣，可以先"以话试探"。

比如，两个陌生人相对无言，为了打破沉默的局面，开口讲话时可以采用自言自语的方式，例如，说一句"天太热了"，对方听到这句话便可能会主动回答，从而将谈话进行下去；还可以以身体语言作为"开场白"，比如，随手帮他人扶一下背包，或推下行李箱等；也可以从对方的口音特点入手，打开交际的局面，例如，听出对方是上海口音，就可以说："您是上海人吗？"由此话题便可展开。

人总是关注自己感兴趣的事物，因此，与别人交流时，要选择他们最感兴趣的话题。而他人最感兴趣的话题是什么呢？往往是他们自己！

每个人都觉得自己重要，你对他人关注越多，沟通交往就越容易。比如："张先生，我们很需要您的帮助，依您的经验和能力，你看这个计划能否早日成功？"

又比如："陈小姐，昨天的晚会你怎么没参加，晚会上少了你，真是太遗憾了！"

"关注别人"，虽是一个简单的技巧，却能在沟通中起到大作用。

▎克服沟通时的紧张情绪

　　沟通时，有些人可能会产生紧张情绪，于是，因为紧张情绪导致说话磕磕绊绊，条理性很差，以至于有时候他人会听不清或者听不懂说话人想要表达的是什么。

　　沟通时的紧张情绪还表现在有些人第一次与陌生人见面，或在公众场合说话，或第一次走上讲台发言……还有一些人在面对自己熟悉的人，沟通时也会紧张到面红耳赤，不敢说话。

　　心理学家通过研究发现，很多人在说话时会有紧张的心理，甚至因为紧张而出现语言交流障碍。这种沟通中的紧张心理又被称作"沟通焦虑症"，即在沟通中表现出过度的紧张与不安，因而影响沟通的效果。而沟通焦虑现象严重的人还会出现说话结巴，甚至排斥沟通。

那么，如何克服沟通时的紧张情绪呢？是不是指说得越多，沟通就越好？

生活中，每个人擅长表达的方式不一样：有的人善谈、有的人善听、有的人善行。而绝大多数的沟通都是有一定目的的，为了达成有效的沟通，达成目的，克服沟通紧张心理十分必要。

那么，如何克服紧张情绪，轻松流利地与他人沟通呢？

1. 以平常心对待他人。

当你在大众场合或在自己比较在意的对象面前感到紧张、焦虑时，首先要尽量平复心情，该说什么就说什么，不要想得太多、不要顾虑太多，要将注意力集中在自己要说的内容上，这样一来，紧张焦虑会随之减轻或消失。

其次，要树立自信心，不断提醒自己，别人能做到的，自己也能做到。比如，开始说话时可以慢一些，目的是让对方能听清楚；即使说的不对也不要紧，把此次沟通当作一次锻炼的机会，相信自己将来一定能做到不紧张。

第三，要有积极乐观的心态。消除沟通紧张心理的方法有许多种，其中最为重要的是心态放松，放下思想包袱。

2. 面带微笑沟通。

当你感到特别紧张时，不妨面带微笑，微笑对于缓解紧张状态有很好的安慰作用。另外，面带微笑也是一个人充满信心的表现，人在紧张的时候，发自内心的笑能够有效地克服紧张情绪，增强自信心。

有一个女孩，一遇到人多的场合，就会紧张，说话还会有些结巴。但她有一个习惯，那就是无论遇到什么事，她的脸上总是挂着灿烂的微笑。

有一年，女孩所在的学校要组织演讲比赛，她很喜欢演讲，于是报了名。经过不懈努力，她终于进入了决赛，她高兴极了，便邀请妈妈来观看比赛。

轮到这个女孩上场了，谁知进了决赛的她看到台下的妈妈，突然变得十分紧张，刚一开口，就结巴起来。

台下的人开始骚动起来，议论声、哄笑声接连出现，就连神情严肃的评委也有些不耐烦了。

这个女孩的妈妈看到女儿这样，心里十分难过，便小声抽泣起来。

女孩看到台下观众的反应、妈妈的难过样子，突然镇定了下来。紧接着台上发生的一幕让全场的人都肃然起敬，原来这个女孩不但没有气馁，反而面带微笑地说话了："我……相信……自己的……能……力，请大家也要……相信……我……好吗？"

女孩的一番"结巴"话让台下的人感动了，人们渐渐安静了下来，妈妈也停止了抽泣，女孩逐渐摆脱了紧张的情绪，正式开始了她的讲演。女孩的演讲越来越具感染力，台下的人们也用心地聆听着女孩的演讲，演讲结束后，响起了雷鸣般的掌声，评委也给了她高度的评价。

20年后，这个女孩成为了一名家喻户晓的主持人。当有人问她成功的秘诀时，她的脸上又出现了那自信的微笑，她说："成功需要自信的微笑！"

3. 锻炼自己当众讲话的能力。

有些人说话的时候口齿不灵俐，心里想说却不能流利地表达出来；还有些人在说话时有紧张情绪，怕自己表现不好，或者怕自己说错话等等，这些情况，都是因为缺乏当众讲话的锻炼造成的。

以下几个场景是否让你感到熟悉？

场景一："我发现，只要一到我发言，我的手心里都是汗，心也'砰砰'地跳得厉害……其他员工在下面看着，我心发虚……"

场景二："去年公司年会，轮到我上台发言，一看到台下密密麻麻坐着的人，除了公司的领导、同事，还有客户，我顿时感觉喘不过气来，腿也发抖，声音更发抖……"

场景三："其实每次讲话，心里都想好了的，甚至还打了草稿，可是一到说的时候，就乱了阵脚，感觉说话没条理没逻辑，好羡慕那些会说话的人……"

上面这些情景都是沟通时产生紧张心理的表现。人要想克服这样的紧张心理，可以采用下面的几个方法：

（1）平日多做练习，不打无准备的仗。

平日多练习，多讲多说，让当众说话成为日常生活中的常事。

（2）紧张时让自己平静下来。

紧张时先让心静下来，然后暗示自己，当众讲话其实并不难，我一定能行的。

（3）可以通过调节自己的呼吸来改变紧张的状态。

人在紧张时，可调节自己的呼与吸，平复自己慌乱的心情，让自己镇静下来。

（4）克服恐惧心理。

不要畏惧他人的目光，不要害怕他人的嘲笑，要勇敢地直面他人，并树立起自信心。

（5）讲话语速不要太快。

先慢慢说，找到符合自己说的节奏，然后不疾不徐地说。

当众讲话，与人沟通，都是生活中的常事，人之所以会产生紧张的情绪，与平时练习少、没有自信有很大关系。因此，多练习有熟能生巧、克服恐惧的作用，而自信的微笑不仅让自己有力量，还能增强自信心，这些都是对自己说话的一种肯定，一种鼓励，同时也是在暗示自己"我有信心，我能行"的一种力量。

沟通时紧张情绪是可以克服的，与人沟通、交流的时候，不要惧怕他人眼光，不要"琢磨"他人"说什么"，要树立自信心，要面带微笑，真诚与人沟通、交流。平时要多做练习，多参加公众活动，多做提升自己的沟通能力的事情。

▌真诚的沟通表现在一言一行

人在说话时会有情感流露，正所谓"精诚所至，金石为开"。要想与他人沟通的效果好，首先要让对方感觉到你的真心诚意。

真诚的心在沟通中非常重要，没有一颗真诚的心，真诚地沟通就谈不上，沟通的效果也不会是最佳效果。

真诚的沟通表现在言行一致上。真挚热忱的语言不仅能打动人，甚至能化解人与人之间的矛盾，给他人带来温暖的感受。反之，如果一个人说话时不遵循"以诚感人"的原则，而是用冷冰冰的语言以及生硬的态度与人交流，那么，谈话的效果就会大打折扣，这不仅会影响个人形象，还会对沟通不利，危及人际关系。因此，语出真诚，时时以诚挚之心交谈沟通，沟通效果就会很好。

墨子有个得意门生叫耕柱，但他总是被墨子批评，久而久之就对墨子产生了不满的情绪。后来有人对他说，因为墨子认为他是一块可塑之材，所以才会一再地教导与匡正他。这人听了，放下心中的不满，从此更加认真地向墨子学习。

西楚霸王项羽之所以落得乌江自刎的下场，就是因为他刚愎自用，不与手下真诚沟通。熟谙兵法的韩信被他用作守帐人，有勇有谋的陈平、张良在他那只能当个普通将领，而忠心耿耿的谋士范曾被他打发回了家。

真诚是沟通最好的"敲门砖"，也是有效沟通的基础。真诚包括"三诚"，即诚心、诚意、诚实。人如果做到了这"三诚"，沟通中的一切问题都可迎刃而解。

屠格涅夫与托尔斯泰多次因作品发生争吵，最后闹到不可开交的地步，两人谁都不理谁。

后来过了16年，托尔斯泰希望消除两人之间的隔阂，他主动与屠格涅夫联系，给屠格涅夫写了一封道歉信。屠格涅夫看后非常感动，从此两人冰释前嫌。

真诚的沟通要做到与人为善，做到尊重与包容。尊重与包容是一种崇高的道德品质，也是为人处世的根本。没有尊重与包容，就不会有信任，也不会有纯洁的友谊。

美国行为科学家马斯洛的"需要层次理论"认为，人的需要分生理、安全、社交、尊重、自我实现五个层次，其中尊重就是指人际沟通的需要。

人在沟通时，尊重和包容是显现真诚的两个主要因素，它们不仅能提高沟通的有效性，还能提高沟通的信任度。它们的优点在于能够使交往对象感到亲切，拉近双方距离，加强沟通效果。真诚的沟通本是求同存异的结果，最终是实现双赢的沟通行为。

沟通中的真诚原则，是指沟通时要真心实意、态度诚恳、不虚伪、不说假话。真诚的沟通还表现在有了不同的意见，也能及时交换看法，真心真意为对方打算，彼此胸怀坦荡，不存芥蒂，所谓"肝胆相照，谓之知心"。当然，有些人会有不愿意"实话相告"的时候，这时可以不说，但是不能为了避免矛盾而说假话、谎话。

有些朋友本来是友好相处，后来有了误会，由于没有解开，导致彼此产生隔阂，甚至从此断了朋友之间的友谊。人要想解除误会，打开心扉，靠的就是真诚的沟通交流。

情侣之间应该是甜甜蜜蜜、相亲相爱的，可有时也许会因为某些事而闹别扭。此时，互相理解对方的情侣一定能化解问题，再度和好；但有些情侣可能因此分手，这是因为双方交流不畅、沟通无效造成的。

真诚的沟通，不需要什么浓情蜜语；真诚的沟通，不需要什么虚情假意的恭维；真诚的沟通，不需要言不由衷的话语；真诚的沟通，也不仅仅只是语句辞藻的堆砌。

真诚的沟通就是要内心真诚，要一心一意对他人。当然，真诚的沟通还要多反省自己。

真诚的沟通会让人们了解彼此，信任彼此。沟通离不开真诚，真诚让沟通更有效果。

每一个人都渴望被他人理解，但在要求被理解的同时，首先应该拥有一颗理解他人的真诚之心。

▋用乐观和幽默感染对方

　　美国一位心理学家说过："幽默是一种最有趣、最有感染力、最具普遍意义的语言传递艺术。"

　　幽默具有惠己悦人的神奇功效，在社交场合，懂得幽默的人总是更容易赢得他人的好感，获得众人的青睐。

　　幽默的语言，能使社交气氛轻松、融洽，更有利于交流；幽默的语言，能淡化人的消极情绪，化解由许多不尽如人意的事情造成的沉闷气氛；幽默的语言，表现出人一种洒脱、积极、豁达、机智、诙谐的生活态度；幽默的语言，能让人的生活中充满欢声笑语。

会说幽默语言的人，能得到别人的好感，让周围的人感到轻松愉快。

有些人运用幽默语言，不仅能很容易说服对方，使沟通顺畅，还能有效地处理一些摩擦，解决难题。

有个人由于长期紧张，患头痛、失眠等症，经过多年医治，未能根除，健康状况每况愈下。后来，他去看了一位医师，医师开了一张奇怪的处方，没写药名，只写了一句话："一周三次看马戏团演出。"

这人疑惑地照着医师的话去做了，每次都是大笑而归。慢慢地，他的紧张情绪逐渐松弛，不久之后，头痛、失眠的症状也消失了。

怎样才能让自己幽默起来？首先要心态乐观。幽默是一种特殊的情绪表现，生活中的每个人都应当学会幽默。幽默可以淡化人的消极情绪，消除沮丧与痛苦。

具有幽默感的人，生活中充满了情趣，许多他人看起来痛苦烦恼的事，他们都能应付得轻松自如。而用幽默来处理烦恼与矛盾，会令人感到和谐愉快，尽快达到友好相处的目的。

具有幽默感的人说话风趣诙谐，幽默睿智，同时乐观向上，不仅生活中充满欢笑，富有成就感和自信，也较容易获得友谊。

事实证明，幽默可以消除紧张与焦虑，减轻压力，润滑人际关系，帮助人摆脱尴尬的局面和困境，增强信心，从而促进人的健康，所以说幽默是健康的"催化剂"。

幽默还是一种高级的谈话艺术，一个高情商的人懂得在适当的场合使用恰如其分的幽默，把一些原本很难应付的局面转变过来，使矛盾、尴尬、冲突在风趣中得到缓和。

有一天，古希腊哲学家苏格拉底正在和一群学生谈论学术问题，他脾气暴躁的妻子突然冲了进来，不由分说地大骂一通，接着又提起装满水的木桶猛地向他浇了过来，把苏格拉底全身都弄湿了。

学生们以为老师一定会勃然大怒，然而出乎意料的是，他只是笑了笑，风趣地说："我知道，雷声过后，一定会下雨的。"大家听了，不禁哈哈大笑，苏格拉底的妻子也不好意思地退了出去。

生活中，人难免会与他人发生不愉快，在这种时候倘若能像苏格拉底那样，以一句幽默的话语化解危机，就能化紧张为宽松，保持互助友爱、平等协调的人际关系。

那么，怎样培养自己的幽默感，让自己成为一个言谈风趣的人呢？

1. 树立良好心态，乐观地面对现实。

幽默是乐观的心态和宽容精神的体现。要培养自己积极乐观的性格，就要多去发现生活中的美好和光明，既善待自己，又善待他人，宽容大度，不斤斤计较。

乐观与幽默是密不可分的，具备了乐观的心态，才能有真正的幽默。

2. 扩展知识面。

幽默是一种智慧的表现，必须以丰富的知识为基础。一个人只有具备审时度势的能力和广博的知识，才能做到谈资丰富，信手拈来，妙言成趣。

因此，要培养幽默感必须先充实自我，不断从浩如烟海的书籍中收集幽默的浪花，从名人趣事中撷取幽默的宝石，从生活中积累幽默的花朵。

3. 培养深刻的洞察力。

培养观察事物的能力，是提升幽默感的一个重要方面。人只有迅速地捕捉到事物的本质，运用恰当的比喻、诙谐的语言，才能使人产生幽默的感觉。

在日常生活中要多去开发和训练自己这方面的能力，这是能否具备幽默口才的基础。

4. 注意区分场合。

幽默须分场合，不同场合不同对待，尤其在面对问题时要具有灵活性。比如，对待重大的原则问题绝不能采取调侃的态度，一定要认真严肃、一板一眼；而对待一些生活中无关原则问题的小事，可适当调侃几句，活跃一下气氛，但也要尽量做到幽默而不落俗套。

5. 尊重他人、平等待人，是幽默的前提。

有位名人说过：浮躁之人难以幽默，装腔作势之人难以幽默，"钻牛角尖"之人难以幽默，玩世不恭之人难以幽默。

有些人爱说笑话，以为笑话就是幽默。但是他的笑话却不怎么能让人发笑，甚至有时候听起来像是在讽刺人一样，所以说幽默不等同于笑话，笑话也不一定是幽默，两者有相同处，也有不同处。

幽默是要有分寸的，如果幽默的话说得不恰当，反而会弄巧成拙，出口伤人，违背了幽默的本意。所以，幽默的语言要说得得体，态度要友善，措辞要谨慎，千万不能伤人自尊、揭人短处和隐私，更不能伤害别人。说幽默的话要不失分寸，才能达到良好的效果。

幽默的显著特点是寓庄于谐，通过诙谐的形式表现真理、智慧，于轻松愉快的氛围中表现出深刻的意义，在欢声笑语中给人以启迪和教育，能达到意味深长的美感趣味。

有这样一个故事，说的是著名的挪威探险家图尔·赫伊叶尔达勒在为自己驾驶的"野马号"挑选人员时，其中一项标准就是要有足够的幽默感。

他说："海上狂暴的寒风、低沉的乌云、弥漫的雨雪，与大家由于性格不同、主张不一而可能出现的威胁相比，只是较小的危险。我们的团队将驾驶航船，在汹涌的洋面上漂流好几个月。

在这种条件下，有人开开有益的玩笑，说几句幽默的话，对大家来说，其重要性绝不亚于救生圈。"

心理学家认为，幽默从某种意义上讲，是人与人交往中的"润滑剂"，它可以使人们的交际变得更顺利、更自然。

生活中，使用幽默风趣的话语，既可使矛盾双方从尴尬的困境中解脱出来，也可打破僵局，使剑拔弩张的紧张气氛得以缓和平息。

幽默总是和欢笑连在一起的，欢笑不仅仅使人心情舒畅、精神振奋，而且能够消除忧虑、稳定情绪。

▌营造融洽的互动式沟通氛围

　　沟通时要营造融洽的互动式氛围，这种氛围是指彼此有好感，或至少没有抵触情绪，大家在一起有说有笑，能使沟通顺利进行。

　　融洽的互动式氛围，首先是积极和谐的。积极和谐，是指大家保持理性状态进行沟通，而不是带有负面情绪或偏见。融洽的沟通互动式氛围会让大家会感受到这是一种平等的交流，因而能够各自保持愉快的心情并各抒己见。

　　建立互动式的交流方式，是营造融洽的沟通氛围基础。而交流的互动性越强，沟通的效果越明显。沟通时不要把个人观点强加给他人，也不要只顾自己滔滔不绝地讲话，要注意把握沟通局面，让人人都能各抒己见，真正实现沟通目的。

那么，如何营造融洽的互动式沟通氛围呢？

1. 尊重应放在第一位。

尊重，是尊敬、重视的意思，是一种对待他人的平等、友善的态度。尊重他人是一种高尚的美德，是个人内在修养的外在表现，比如为明星、运动员呐喊与喝彩是尊重，给普通人以鼓励和掌声，同样是尊重。

生活中，我们每个人都渴望得到别人的尊重。古语说："三人行，必有我师"，一个真正懂得尊重他人的人，不仅仅会尊重自己的上司和父母，更会懂得尊重自己的下属和身边每一个人，因为每一个人都有他自己的优点，从别人的优点中吸取精华，从别人的缺点中找出自身的不足，何尝不是一种领悟和提高的过程？

北宋大学问家杨时，与好友游酢一起去向程颐求教，凑巧赶上程颐在屋中打盹儿。杨时便劝告游酢不要惊醒老师，于是两人静立门口，等老师醒来。过了一会儿，天上下起了鹅毛大雪，越下越急，杨时和游酢却还站立在雪中，游酢实在冻得受不了，几次想叫醒程颐，都被杨时拦住了。

程颐一觉醒来，发现门外的两个"雪人"，听完他们所说，十分感动。这就是成语"程门立雪"的来源，体现了尊师重教的传统美德。

尊重他人不仅仅体现在语言上，更要体现在行动中。尊重他人需要真心实意，不能是虚情假意。尊重他人，需要用自己一颗真心去感染对方，带给对方快乐，而自己也能从中获得快乐。

有一次，列宁下楼，在楼梯狭窄的过道上，正碰见一个女工端着一盆水上楼。那女工一看是列宁，就要退回去给他让路。

列宁阻止她说："不必这样，你端着东西已走了一半，而我现在空着手，请你先过去吧！"

列宁把"请"字说得很响亮，很亲切，然后自己紧靠着墙，先让女工上楼了，他才下楼。

1960年当选牛津大学校长的英国前首相哈罗德·麦克米伦曾提出过人际交往的四点建议：即尽量肯定别人；选择"仁厚"而非"正确"；把批评转变为容忍和尊重；避免吹毛求疵。这些建议可以说都是围绕着"尊重"提出来的。

2．注意沟通时的细节。

要想营造融洽的互动式沟通氛围，有很多细节值得注意：比如，交谈过程中面带微笑；认真倾听对方的话，倾听时应有所回应；多做让人印象深刻的表情；不要后背靠在椅子上，做出很随便的样子；目光不要在他人脸上转来转去，要尽量直视对方的眼睛，目光柔和；尽量要让他人多说话；不要说自己太多的个人琐事，不发牢骚；减少说话时的夸张手势；不掩饰自己的口误或所说的错误；说话时尽量不用口头语或俗语。

融洽的互动式氛围不是一个人就能营造的，要靠沟通各方共同营造。在此过程中，注意细节，心平气和、换位思考都是很重要的。

3．多使用幽默语言。

要想建立融洽的互动式沟通氛围，除了做到上述两点外，多使用幽默语言也很重要。

比如，大家沟通时，常常需要说服某一方，或者向某一方提出要求，这时用幽默的语言和微笑就会发挥神奇的作用。

运用幽默的语言提出自己的要求，这种说话方式含蓄婉转，如果对方能接受，便可在融洽的互动式气氛中继续交谈；如果对方不能接受也无妨，权当讲一则笑话，一笑了之，不会让自己难堪。

有一次，马克·吐温到某城市找旅馆投宿。临行前就有朋友告诉他，该城市的蚊子多且特别厉害。

马克·吐温找到旅馆，在服务台登记房间时，恰巧有一只蚊子飞过。他笑了笑，对服务员说："我早就听说这里的蚊子十分聪明，果然名不虚传，它竟会预先来看好我的房间号码，以便夜晚光临，饱餐一顿。"

服务员听后开怀大笑，同时也明白了马克·吐温暗示的话。结果，服务员记下了他的房间号码，很负责地做好了驱蚊工作，那一夜，马克·吐温睡得特别好。

俗话说，"与人说理，须使人心中点头"。使用幽默的语言，如同在别人的心中洒下一片阳光，能使人在轻松欢快的笑声中明白你所说的意思，有时比一板一眼说话效果要好得多。

4. 笑容常挂脸上。

生活中，人们脸上的微笑，通常就是向人表示善意和好感的意思。所以，想要营造融洽的互动式沟通氛围，记得笑容要常挂脸上。

威廉已经结婚18年了，但他平时很少对自己的太太微笑，或对她说上几句话。因为他觉得自己工作压力大，家全靠他来养，他每天回家后都疲惫不堪，根本无暇顾及妻子。

后来，威廉参加公司的培训，他被培训中笑容要常挂脸上的内容打动了，他决定从对太太微笑开始。

从此以后，威廉每天要去上班的时候，都会对太太微笑着说再见；对公寓大楼的电梯管理员微笑着说声"早安"；对地铁里的检票员微笑并点头致意；对公司大门口的警卫点头微笑并打招呼；当他在办公室、在交易所时，他对同事、对客户都会微笑。

威廉很快就发现，他遇到的每一个人也对他报以微笑，尤其当他以一种愉悦的态度，来对待那些满肚子牢骚的人，微笑着听着他们发的牢骚，问题就很容易解决了。威廉发现微笑让自己的家更温暖，工作更顺利，自己心情也更好。

　　威廉跟另一位同事合用一间办公室，对方是个很讨人喜欢的年轻人。威廉告诉那位同事自己最近在微笑方面的体会和收获，并声称自己很为得到的结果而高兴。那位同事说："当我最初跟您共用办公室的时候，我认为您是一个非常闷闷不乐的人。但最近，我发现您变了，微笑变多了，人也随和了。"

　　威廉的故事告诉我们，如果希望别人用高兴、欢愉的情绪来对待自己，那么，自己首先要用这样的情绪对待他人。

　　人的笑容能传递善意，人的笑容能照亮所有看到它的人。笑容就像穿过乌云的太阳温暖人心；笑容就像大海的浪花，帮助需要帮助的人，看到一切都是有希望的，世界是美好的和欢乐的。

▌倾听在沟通中的神奇作用

有句谚语说："用10秒钟的时间讲，用10分钟的时间听。"善于倾听，是获得良好沟通效果的要诀。

美国俄亥俄州州立大学一些学者研究发现，成年人在一天的时间里，有7%的时间用于与他人交流。在这7%的时间里，有30%的时间用于讲，而剩余的时间用于听。由此可见，"听"在人们的沟通、交往中居于非常重要的地位。

倾听不仅能获取大量信息，让信息得到更直接、更有效的传达，而且其效果可能超出说话者的预期。人的交谈中，有很多有价值的信息，有时说话者本人都不曾意识到，但对听者来说却可能有所启发，这些信息如果不认真倾听是"抓不住"的。所以一个认真倾听他人讲话的人，即使在闲谈之中也能"挖掘"出对自己有用的信息。

古时候，曾经有个小国的皇帝向某大国的皇帝进贡了3个一模一样的金人，大国皇帝高兴坏了。可是这小国使者在进贡金人的同时出了一道题目：3个金人哪个最有价值？

大国皇帝想了许多办法，请来珠宝匠检查金人，称重量，看做工，均发现3个金人一模一样，无法估量出哪个更有价值。

最后，有一位老臣说他有办法。

大国皇帝将小国使者请到大殿，老臣胸有成竹地拿着3根稻草，分别插入3个金人的耳朵里。插入第一个金人耳朵里的稻草从金人的另一个耳朵出来了；插入第二个金人的稻草从金人嘴巴里直接掉出来；而第三个金人，稻草插进去后掉进了肚子里，什么响动也没有。

老臣说：第三个金人最有价值！小国使者默默点头，原来老臣的答案是正确的。

虽然3个金人都有各自的价值，但是第三个金人却因为善于倾听不随意说话而价值最大。

这个故事告诉我们：最能说的人，不一定是最有价值的人。人有两只耳朵、一个嘴，本来就是多听少说的。

俗话说得好："会说的不如会听的。"人只有会听，才能真正会说；只有会听，才能更好地了解对方，促成有效的沟通和交流。明白了这个道理，有助于培养良好的倾听习惯。

有些人没有耐心听别人讲话，这样的人很难与他人顺利沟通；还有些人爱抢话，这是不尊重他人的表现，实际上倾听比迫不及待地抢着说话更重要。那些急于表达自己意见的人，或只顾自己说的人，都是不礼貌、不成熟的人，他们的这种说话方式往往得不到他人的认同，无法获得很好的沟通效果。

懂得倾听，会很容易得到对方的信任和好感。善于倾听，既能准确地明白说者的意思，了解说者内心的想法，也更能很好地和说者交流。

小强的母亲因为声带发炎讲不出话来，这可憋坏了平时爱说话的她。但是，母亲发现，这段时间，自己跟儿子的关系却变得融洽起来。

母亲生病的当天，儿子回家一进门就说："妈妈，我再也不想去幼儿园了，老师笑话我！"

如果平时听到儿子这么说，母亲肯定先怪孩子。但是由于不能说话，她只好忍住了，什么都没有讲。

儿子跑到母亲身边，伤心地哭了起来说："妈妈，今天老师让我们组装玩具，我把小马的耳朵给小驴装上了，老师就笑话我，小朋友们也都笑话我。"

母亲依然没有说话，而是把伤心的儿子搂在了怀里。儿子沉默了几分钟，从母亲怀里站了起来，平静地说："妈妈，我去玩了，我没事了。"然后就高高兴兴地走了。

这次声带发炎，无意中让这位母亲体会到了倾听对于和谐的母子关系的奇妙功用。从此，她改变了与孩子的交流方式，凡事先听听孩子怎么说，再说自己的想法，母子俩就像朋友一样交流得非常好，孩子也更听话了。

可见，倾听是理解对方思想、感受对方心情的一种有效的方式。想成为善于交谈的人、想成为沟通高手，就应当先成为一位善于听别人讲话、善于鼓励和引导别人多谈的人。

所以与人谈话、沟通时，要做个"好听众"，而不是只顾自己高谈阔论地表现，这样才能博得他人的好感，营造出良好的沟通氛围与和谐的人际关系。

倾听时要注意表情、肢体动作的配合，比如适时点头、微笑、把双手架起放到下巴下等。倾听是一种神奇的力量，适当的肢体动作可以起到辅助效果。如果表情、肢体动作配合协调，会让对方感到舒心、舒服，还有助于沟通交流、化解矛盾、解决冲突。

美国纽约电话公司曾碰到过一件相当棘手的事情，一名顾客痛骂其公司的接线生，并拒绝缴纳电话费，还列举出多项"罪名"，公开指控纽约电话公司。

后来，公司的一位员工登门拜访这位"暴躁"的顾客，并顺利地解决了问题。

原来这位员工在拜访顾客时，唯一做的事就是专注地听对方将满腹牢骚倾诉出来，并一再地点头说"是"。

可见，当有人因某件事愤愤不平而向你诉苦时，只要你肯耐心地听他把牢骚发完，他的情绪也就慢慢地平复了，这就是倾听的神奇作用。

倾听是解决冲突、化解矛盾、平息抱怨的有效手段。

沟通中的各方如果都能耐心地倾听对方的想法，就能真正了解各自的立场，从而互相谅解，解决问题。

与人交往时要做一个好的倾听者，产生问题时不要急于与人争辩对错，而要多体谅对方，多询问对方的想法，而不是只强调自己的立场或者极力说服他人或者为自己辩解。

每个人都有自己的立场及价值观，只要善于站在对方的立场上，认真地倾听对方所说的话，理解对方，不去从自己的角度去指责或评判对方，就能沟通顺畅。

有一位顾客从商店买了一套衣服，但是这套衣服令他很不满意：衣服掉色，而且把他衬衣的领子染上了色。

顾客拿着这件衣服找到商店，找到卖这件衣服的售货员，试图说明事情经过，但售货员很不耐烦地打断了他的话。

"我们卖了几千套这样的衣服，您是第一个找上门来抱怨衣服质量不好的人。"售货员的语气似乎在说："你在撒谎，你想诬赖我们，我们才不理你。"售货员的态度让顾客恼火起来，两人开始大吵。

两个人吵得正凶的时候，另一个售货员走了过来，说："深色衣服刚开始穿时都会掉色，特别是这种价钱低廉的衣服。"

这位顾客听了更气愤，因为他觉得第一个售货员怀疑他是否诚实，而第二个售货员说他买的是便宜货。此时，他气急败坏，正准备与两个售货员大吵一架，商店的经理过来了，而这位经理的做法平复了顾客激动的情绪。

实际上，经理只是耐心地倾听顾客述说这件事情。当顾客把话讲完后，那两个售货员又开始陈述他们的观点，经理开始反驳售货员，帮顾客说话。经理不仅指出顾客的衣服领子确实是因卖出的新衣服掉色而弄脏的，而且还强调说商店不应当出售让顾客不满意的商品。后来，经理承认他不知道这套衣服有质量问题，并且对顾客说："您想怎么处理？我一定遵照您说的办。"

刚才还在发怒的顾客现在却回答说："我想听听您的意见。我想知道，这套衣服以后还会不会掉色，能否再想点什么办法？"

经理建议顾客再穿一星期，如果衣服还掉色，商店将帮他换一套衣服。

就这样，这位顾客满意地离开了商店。几天后，衣服不再掉色，他也没再找这家商店的"麻烦"。

倾听是种重要的交流技巧，但倾听绝不等于始终保持沉默，一言不发地听别人诉说；积极地倾听是指在聆听他人讲话的过程中，通过语言、表情、肢体动作向对方做出及时的反馈。

具体而言，积极地倾听需要做到以下几点：

1．对容易产生歧义的地方，要及时地与对方沟通，以便充分了解对方的真正想法。

比如，对方说的某一句话可能存在两种或多种意思，如果只按照自己的想法去理解，有可能会产生误解。所以，在交谈中当你对对方的某句话存在疑惑时，一定要及时地与对方进行交流，了解清楚对方的真实意图，让沟通真正做到有效、到位。

2．适当地插话，但不要说得太多。

适当地参与说话者的话题，能够使说话者更加兴奋。比如，插入一两句话，表示自己很重视对方所说的问题。

像"您说得对""应该是这样""您讲得有趣极了""是吗？""以后怎样了呢？"

这样能让说话者觉得自己的话受到了重视和支持。而当对方停止讲话，你又需要让对方继续说下去时，也可就对方谈话中曾提及的某一事、某一人等进行询问，这样，谈话就会顺其自然地进行下去了。

但要注意的是，交谈过程中的插话一定要适度，如果插话过多，会使对方感到不快。因为如果被打断次数太多，讲话者就很难充分表达自己的观点，也会觉得你对他不尊重，如此，沟通的效果也就不会理想。

3. 用肢体语言做出反应。

倾听他人说话时，如果配合微笑、点头、肯定的眼神、手势等，会说明你对讲话者所说的内容感同身受，不但能表现出对讲话者的尊重，同时也能引导讲话者更全面地表达自己的想法和谈话重点。

总之，在双方交谈和沟通的过程中，不仅说的人要阐明自己的观点，听的人也要有适当的反应。这样，沟通才能达到好效果。

▍沟通时的开场白很关键

　　沟通是一门艺术，会沟通的人，能让人感觉如沐春风，给人一种舒服愉快的感觉；而不会沟通的人，会让人感到"话不投机半句多"，甚至拒人于千里之外。因此，在与人交谈、与人沟通时，开场白非常关键，它影响后面的沟通进程。

　　有了好的开场白，就等于拥有了一把打开对方心灵之门的钥匙；有了好的开场白，就能够赢得对方的好感，迅速地拉近彼此之间的距离；有了好的开场白，就相当于为双方进一步的交往和交流开了个好头。

亲和友善的说话态度，也是有效沟通的前提。与人说话时不能咄咄逼人、颐指气使，更不要轻易与他人争辩，甚至恶言相向。在与陌生人交谈、沟通时，要做到大方自然，亲和友善，有礼有节。

有的人在与陌生人见面时表现得很拘谨，不敢说话或不知该说什么，这是紧张的表现。要想克服这种紧张的情绪，就要提前准备好自己的开场白，为交流打开局面，让双方的沟通顺利进行下去。

那么，沟通过程中有哪些常见的开场白呢？

1. 先讲礼貌用语

礼貌既包括内心对对方的尊重，也包括形式上的所谓礼节。

与他人初次见面时，不妨先亲切主动地向对方问好，或说一些与主题暂时无关的家常话，借以打消彼此的陌生感、紧张感。

当发现自己与对方存在某些共同点时，可以在谈话中加以讨论和强调，这样做也能在无形中消除陌生感。一句礼貌的问候或者友好的搭讪或许就能打动人，由此谈话就自然而然地变得顺畅了。

礼貌用语会让对方感受到你的尊重，如果说话太随便，即使内心尊重对方，也会因为言语不周而让对方不愉快。

所以，说话时要养成"有礼"的习惯，多用敬语、谦语和雅语，这些都能体现出一个人较高的文化素养以及尊重他人的良好品德。

礼貌用语包括日常生活中的招呼语、见面语、致歉语、告别语等。比如，早晨见面互问"早晨好"；初次见面时说"很高兴认识您""请多关照"；对方道谢时要说"不用谢""这是我应该做的"；对方道歉时要说"没关系"。

不要小瞧这些礼貌用语，它们看似简单，却传递了丰富的信息，能传达出说话者的尊重、亲切和友情。另外，说话时要多说"请""对不起"等话语。

有意识地多使用礼貌用语，会养成讲礼貌的好习惯，赢得他人的好感。

美国人在打电报时，宁可多付电报费，也绝不省掉"请"字，据统计，美国电报总局每年从"请"字上就可多收入一千万美元。

英国人说话少不了"对不起"这句话，凡是请人帮忙，他们总是先说"对不起"。比如，英国交警对违规司机就地处理时，先要说"对不起，先生，您的车速违反了规定"。

所以，如果两个人有了冲突，大家先对彼此说"对不起"，在这样的气氛下，双方的自尊心同时获得满足，争吵自然不会发生。

懂礼貌表现在人的一言一行中，具体而言有如下要求：

不高声大嗓说话，不随地吐痰，不乱扔废物，不在众共场合插队，不妨碍他人休息，在公共场合给需要帮助的人主动让座位等。另外，不在公众场合争吵，因为争吵的语言和行为都是不文明的表现。还有不说粗话、脏话，犯了错要坦诚地自我检讨。

懂礼貌要做到：

（1）早晚出门回家，要有礼貌地同家人道别和问候；

（2）主动关心父母，家人生病要安慰照顾；

（3）别人有过失，应有礼貌地提醒、劝告；

（4）虚心接受别人的批评，不胡乱顶嘴，要知错就改；

（5）尊重、礼让长辈，对长辈使用尊称；

（6）吃饭时请家人先入座，离开饭桌时向长辈打招呼；

（7）打电话、接电话要有礼貌；

（8）游戏时不要高声喧哗，在公开场合说话不要太大声，注意用语文明；

（9）客人来访以礼相迎，主动问好，谈话时不随便插嘴，客人走时以礼相送；

（10）见到父母的朋友或长辈要主动问候，说话有分寸。

中国古人常说一句话：以礼待人，以德服人。想要说话有礼貌，首先要考虑语言环境。场合不同、情况不同、谈话人的身份不同、谈的事情不同，需要用的言辞、语调和语气也不同。

此外，与人谈话还应注意说话的空间和时间。如果是与长者、上级、师辈交谈，双方的距离太近和太远都是失礼的；男女之间谈话，距离不宜太近；说话的时间如果过长或中途停顿太长，也是不礼貌的。

孔子说："不学礼，无以立。"懂文明讲礼貌，说话多使用礼貌用语，对于人际沟通至关重要。

星期天，一位家长的孩子邀请同班的一些同学来家里玩。临走时，大家忙着拿书包、穿鞋子，只有一个孩子留在了最后，原来他把自己坐的椅子认真摆好，把弄乱的东西放回原处，并轻声向主人道别，表示感谢。

这个孩子的行为令这位家长很感动，感叹这个孩子有礼貌。

2. 说敬语、谦语

"您"、"请"、"劳驾"等都是常用的敬语。使用敬语，是向他人表达敬意的重要手段。敬语，也称"敬辞"，它与"谦语"相对，多使用敬语，可体现一个人的文化修养。

敬语的运用场合主要有：比较正规的社交场合；与师长或身份、地位较高的人的交谈；与人初次打交道或会见不太熟悉的人；会议、谈判等。

谦语亦称"谦辞"，它与"敬语"相对，是向人表示谦恭和自谦的一种词语。谦语最常用的有晚辈、后学等词，用法是在别人面前谦称自己和自己的亲属。谦语也是一种向他人表示尊重的方式。一个人只要表现出谦虚和恳切，他人自然也会尊重你。

对人用敬语、对己用谦语的习惯很重要。尤其要注意，称呼别人的量词用"位"，不要用"个"，要说"各位""诸位"，而不能说"你们几个"。

与人说话要多用商量语气和祈求语气，少用命令语气。说话态度要和气、文雅、谦逊，这样才容易受人欢迎。

3. 寻找共同点

共同点的范围很广，比如，两个人是校友或是老乡，就可利用这层关系，以此为话题展开讨论，缩短彼此的心理距离，使对方感到十分亲切。

比如："您是复旦大学毕业生，我也是。说起来，我们还是校友呢！"

比如，"您是福州人，我是厦门人，两地相隔不远，同是福建人，今天相见真是高兴。"

4. 表达敬重、仰慕之情

初次见面时，如果对方有特殊才华，可向对方表示敬重、仰慕之情，比如："您的画我曾经学习过，想不到今天竟有机会向您当面请教！"

当你采用这种开场白时，一定要让对方感受到你发自内心的敬意和尊重，要注意把握好分寸，不能胡乱吹捧或夸大其词，否则，就会弄巧成拙，引来对方的反感。

5. 开宗明义

当你有明确的沟通目的，例如就某个工作上的问题与同事进行沟通时，就不必过多地寒暄，而应开宗明义，直奔主题，将自己的想法和意图表述清楚，并注意对方的反应，这样能提高沟通效率。

有些开宗明义的沟通，可用一句"咱们长话短说"作为开场白，更直接进入主题。

▌谦虚谨慎赢得好人缘

一个人在沟通中如果总是热衷于谈论自己，表现自己，会使他人厌烦。反之，如果始终保持谦虚谨慎的态度，则会得到别人的尊敬，赢得好人缘。

与人沟通时要有谦虚谨慎的心态，不能语出伤人，即使与人有意见上的分歧也要保持优雅的风度，晓之以理，动之以情。

安德鲁·卡内基是美国"钢铁大王"，他白手起家，既无一定的资本，又没有钢铁专业的知识和技术，却成为举世闻名的"钢铁巨子"，这使许多人感到非常好奇。

有一位记者好不容易才说服卡内基接受采访，记者迫不及待地问道："您在钢铁事业上的成就是公认的，您一定是世界上最伟大的炼钢专家吧？"

卡内基哈哈大笑着回答："您错了，炼钢技术比我强的人，光是在我们公司里，就有两百多位呢！"

记者诧异道："那为什么您是'钢铁大王'？您是有什么特殊的本领吗？"

卡内基说："因为我知道如何鼓励专家们多发表意见，使他们觉得自己所说的话能够得到足够的重视，所以，他们才会更好地为公司献计献策。"

确实，如果卡内基自命是最伟大的炼钢专家，总是夸夸其谈、自我吹嘘，那么，至少会导致一些专家碍于情面而不发表自己的意见，对公司发展造成阻碍作用，卡内基也不会取得如此成就了。

法国哲学家罗西法古说："如果你要得到仇人，就表现得比你的朋友优越；如果你要得到朋友，就要让你的朋友表现得比你优越。"这句话告诉我们，学会谦虚谨慎的说话方式，对获得好人缘大有帮助。

谦虚谨慎意思是人要虚心礼让，言行小心谨慎。在现实生活中，有人总将自己放在主要位置，说话时常常爱自我炫耀，有一点小成绩便沾沾自喜，大肆宣扬，与人交谈时，喋喋不休地自吹自擂，其实，这都是不虚心的表现，不但不能表现自己的品质，反而会令人生厌，不利于建立和谐的人际关系。

不虚心、自吹自擂是交谈中一种极为不好的习惯，就算是关系再亲密的人也会对这样的胡吹乱侃感到厌恶。

张伟是一家公司的业务员。有一次，他去一家公关公司谈业务，接待他的是一位女经理。

这位女经理长得很漂亮，业务能力也很强。可是当她话匣子一打开，就滔滔不绝，一发不可收拾。张伟也是谈业务的高手，他想插几句话，却苦无机会。

这位女经理兴致高昂地叙述她在国内外的公关事业是如何蓬勃发展的，张伟则两手在桌上玩弄着纸巾，心中觉得十分无趣。

30分钟过后，张伟终于鼓起勇气对这个女经理说："对不起，待会儿我还有事，我先走了！"

这位女经理过多的"独角戏"没能达到交流业务和增进感情的效果，因为她完全没有顾及听者的反应。所以说，谈话时不要唱"独角戏"，不要搞"一言堂"，要多给他人说话的机会。

人无完人，即使在某方面有所成就或者高人一筹，也不能轻视他人。

有些人渴望自己的观点被别人认同、受到重视，于是谈话时滔滔不绝，总是说"我认为""我觉得"，这样说其实是不尊重对方的表现，人不能为了强调自己的观点、表达自己的意见，就把自己的想法随意强加给他人；还有些人不断打断别人说话，或是在别人津津有味地谈着某件事情的时候冷不防地插话，或是不管对方正在说什么，瞬间将话题转移到自己感兴趣的方面；还有些人把对方要说的结论抢先说出来，以此得意扬扬地炫耀自己的聪明才智。这些人的做法，容易令人反感，弄得大家都不愉快。所以，如果希望别人接受我们的意见，就必须先耐心倾听别人的观点。

尤其是在别人的话还没有说完前，不能因急于反驳别人的观点而贸然插话。生活中的闲聊和沟通大多是为了交流感情、拉近关系，不必事事较真，如果一定要纠结于对错，驳倒对方争上锋，就容易产生分歧，淡漠了感情，使彼此关系疏远。

王丽是一个活泼大方、性格开朗的人，闲暇之余喜欢找人聊天，可是王丽身边的朋友却很少。

王丽新到一个工作岗位，热情的她很快融入到团队中，可是渐渐地大家都发现了王丽的问题，开始对她疏远。原来，在工作之余，王丽总是喜欢找同事聊天，本来聊聊天谈谈心可以拉近与同事的关系，可是王丽的一个坏毛病却害了自己。

比如，在和同事李芳聊起明星的话题时，李芳才说了两句，王丽立刻打断了李芳的话，开始说自己喜欢的明星。李芳见状便转移了话题，谈起自己对人生的看法，可是没说两句又被王丽打断了，直到最后，一直都是王丽在滔滔不绝地讲话，而王丽也没有感觉到李芳的不快。

王丽的这种说话方式已经成为了一种习惯。后来王丽又找李芳聊天，李芳找各种理由拒绝。王丽又去找其他的同事聊天，可是和她聊过一两次以后，大家都不愿意再和王丽聊天了。

可见，无论多么渴望发表自己的见解，都不要去打断别人，要默默地将想说的话记在心中，直到对方说完，再发表自己的见解，千万别让插话、打断别人讲话或让自己一直"霸着"谈话成为习惯。

谦虚谨慎虽只是四个字，包含的内容却很多。谦，是一种心境，大智者必谦；虚，是一种作为，虚己者近德。谨慎，是一种小心，防止不利现象出现。

美国第三届总统托马斯·杰斐逊说："每个人都能成为你的老师。"谦虚谨慎的品格，能使一个人面对成功、荣誉时不骄傲，而把它视为一种激励自己继续前进的力量，谦虚谨慎的品格不会让人陷在荣誉和成功的喜悦中，沾沾自喜于一得之功而不再进取。

沟通中，保持谦虚谨慎是个好习惯，也是赢得好人缘的基础。

▌不在背后议论人

人都有好奇心，有人爱在背后谈论他人；有人更是将他人隐私随意传播；还有些人在没有事实根据的情况下议论他人、说三道四，人如果养成了这种背后议论人的不良习惯，总是搬弄是非、挑拨怨仇、造谣生事，最终会害人害己。

《伊索寓言》里有这样一个故事：

有一头狮子老了，病倒在山洞里。除了狐狸外，森林里所有的动物都来探望它。狼因为对狐狸有所不满，就利用探病的机会在狮子面前诋毁狐狸。

狼说："大王，您是百兽之王，大家都很尊敬您、爱戴您！可是，您现在生病了，狐狸偏偏不来探望，它一定是对大王心怀不满，所以才这样怠慢您……"

正说着，恰好狐狸来了，听见了狼说的最后几句话。

而狮子一看见狐狸走进来，就气愤地对着它怒吼起来，并说要给狐狸最严厉的惩罚。

狐狸请求狮子给自己一个解释的机会。它说："到您这里来的动物，表面上看起来很关心您，可是，它们当中有谁像我这样为您不辞劳苦地四处奔走，寻找医生，询问治病的方子呢？"

狮子一听，觉得狐狸说得有道理，便决定不惩罚狐狸，反而责怪狼搬弄是非。

由此可见，在人背后说闲话、挑拨离间，很可能会害人害己。不在他人面前谈论别人的是非长短，不东家长西家短地搬弄是非，这是做人的原则。

那么，如何做到不在背后议论别人？

1. 谦恭有礼，不以貌取人

生活中，一些人往往以貌取人，对别人说话语气蛮横，出言不逊，没有礼貌。实际上，人都是平等的，所以，在与人交往时，应该以平和的态度有礼貌地对待他人，不能以貌取人。

19世纪法国著名画家贝罗尼有一次到瑞士度假，那天，他在日内瓦湖边用心地画画，有3位英国女游客看他穿着普通，以为他是个业余的绘画爱好者，便在一旁对贝罗尼的画作指手画脚、无礼地批评起来。

一个人说这儿不好，一个人说那儿不对，贝罗尼放下画笔，非常礼貌地听着她们的批评，末了还向她们致谢，表示愿意接受她们的意见。她们得意扬扬地离开了。

第二天，贝罗尼到另一个地方去办事，又碰到了那3位女游客，正交头接耳不知在说些什么。那3位女游客看到他后，便朝他走过来，问他："先生，我们听说大画家贝罗尼正在这儿度假，所以特地前来拜访他。请问你知不知道他现在在什么地方？"

贝罗尼礼貌地朝她们微微弯腰，回答说："不敢当，我就是贝罗尼。"这3位女游客听后大吃一惊，想起昨天不礼貌的态度，一个个红着脸跑掉了。

其实，很多有名望、有成就、有涵养的人都很低调，他们的外表可能普通，衣着也很朴素，但这样的人更懂得理解、包容别人，他们总是以和气谦恭的态度有礼貌地与人交往。

所以，不以貌取人，不随意议论他人，严于律己，用平等的眼光看人，用谦恭有礼的语气和别人说话，这也是对自己的尊重。

2. 言语之间有分寸，莫让说话坏了事

有的人看似"能说会道"、善于办事，在人际交往中如鱼得水，实际上他们有一个共同的特点，那就是说话有分寸，该说的话说，不该说的话，绝不多说半句。

懂得掌握说话的分寸，就能在别人面前侃侃而谈而又滴水不漏；若是把握不好说话的分寸，不经意间就可能会"祸从口出"。

不注意说话的分寸，是没有"规矩"的表现，现实生活中，有些人由于说话莽撞，导致自己惹上了很多不必要的麻烦。

有一次，老板带小张和另外三个同事与公司的合作商洽谈合作事宜，双方谈得十分投机。

谈话快结束时，对方问："关于这个项目，你们还有什么需

要改进的意见或建议吗？"老板作沉思状，其他同事也都默不作声。小张一看冷场了，心想不好，就赶紧站出来把自己平时想到的一些不成熟的意见说了出来。虽然老板脸色不好看，但也表示赞同小张的提议。

过了一会儿，会议结束了，对方的老总还热情地和小张握手，显得比较满意。但是等到回去的时候，同事都说小张说话太冒失，犯了大错了。

小张感到莫名其妙，心想事情不是进行得很顺利吗？过了一会儿，老板让小张去一趟办公室，小张心想：这下老板肯定要好好地表扬自己一番。没想到老板狠狠地说了他一顿："你怎么能帮外人说话？对方肯定会以为我们明知道有问题却不改，不够敬业，或者认为我们要变相加价。这单生意差点就被你搞砸了！"老板十分生气。

从那以后，同事们都认为小张"缺心眼儿"，大多数时候老板也不再带小张出去谈业务了，有时必须让小张去，老板就会不停地嘱咐他："小张，你只要听着就行了，不要说话，记住了啊！"

社会是个大舞台，形形色色的人都有。因此，说话一定要讲究技巧，不能太过直白，切记要留有余地，点明即可。同时说话时更要讲究分寸，否则，轻则惹人嘲笑，重则会将事情办砸。

那么，如何在说话时避免有失分寸，说出不该说的话呢？

（1）不要随便打听别人的私事。

在关系一般或不熟悉的情况下，如果随便向他人询问一些隐私，很可能会让人觉得不礼貌。尤其在面对不同民族、不同文化背景的人时，交谈之前先要了解对方的风俗、文化习惯，不要贸然询问并谈论此话题。

（2）避免谈论一些有争议性的话题。

每个人的立场、观点、信仰等都是不同的，因此，不要谈论具有争论性的敏感话题，比如，一些容易引起双方矛盾或对立僵持的话题。还有些问题，争论到最后可能也没有结果，这时要尽量放下，否则，由于争论过于激烈，会影响到彼此的关系。

（3）切忌在谈话时议论他人。

不管是有意还是无意，哪怕是和最亲密的朋友谈话，也不要随意议论他人，否则，很容易引起朋友的反感。

（4）要顾及对方的身份和谈话的场合。

交谈时要照顾到别人的"面子"，要注意场合，比如，在长辈面前就应言辞充满敬意，绝不能随意地开玩笑或者或和长辈调侃；在公众场合不能不合时宜地谈论家长里短，和朋友聊天即使谈论个人的私事也要适度；还有表示对对方的关切时，也要态度真诚。总之说话要注意场合。

（5）没有把握的话不要轻易说，也不要轻易许诺。

有些人张口闭口就说"我肯定""绝对没错""千真万确"，这是说话的大忌。在对所说的事情没有百分之百把握的情况下，尽量避免使用一些过于主观的词汇。

还有的人爱说大话，时常许诺别人怎样怎样，最后却无法兑现承诺，这会给人留下虚浮无实、夸夸其谈的坏印象。所以，没有把握的话千万不要说，做不到的事情也不要轻易许诺。

（6）不该说的话坚决不说。

不该说的话坚决不说，即使是沉默，也比贸然说要好。俗话说"言多必失"，在判断不清或不了解事实真相时，绝不能妄加揣测，就发表意见；与不熟识的人相处时，要多听少说，以免触碰了对方的"雷区"或者得罪人。

总之，说话的分寸是要用心体会、准确把握的。在说话时多揣摩他人所说，多听他人的意见，少说多听，这样才能够拿捏好说话的分寸，将事情做好。

一诺重千金，三思而后行

　　人在做出承诺时要三思而后行，因为一诺重千金。人如果随便做出承诺而事后无法兑现，就会招致他人的不信任甚至怨恨。

　　秦朝末年有一个叫季布的人，他特别讲信义。只要是他答应过的事，无论有多么困难，他一定要想方设法办到。当时还流传着一句谚语："得黄金百（斤），不如得季布一诺（得到一百两黄金，也不如得到季布的一个承诺）。"

　　后来，刘邦打败项羽当上了皇帝，开始搜捕项羽的部下。季布曾经是项羽的得力干将，所以刘邦下令，只要谁能将季布送到官府，就赏赐他一千两黄金。但是，季布重信义，深得人心，人们宁愿冒着被诛灭三族的危险为他提供藏身之所，也不愿意为官府赏赐的一千两黄金而出卖他。

有个姓周的人秘密地将季布送到鲁地一户姓朱的人家。朱家很欣赏季布对朋友的信义，尽力将季布保护起来。不仅如此，朱家还专程到洛阳去找汝阴侯夏侯婴，请他解救季布。

夏侯婴从小与刘邦很亲近，后来为刘邦建立汉王朝立下了汗马功劳。他也很欣赏季布的信义，于是在刘邦面前为季布说情，终于使刘邦赦免了季布，还任命季布做了河东太守。后来人们就用"一诺千金"来形容一个人很讲信用，说话算数。

在"一诺千金"的故事中，信守承诺的美德让季布死里逃生。

我们都听过"狼来了"的故事。那个在山上放羊喊"狼来了"的孩子，就是因为屡次喊"狼来了"，人们上山救都却扑了空；后来，狼真的来了，任凭他再怎么大声喊，也没有人相信他了。

信用是多么宝贵啊！我们失去金钱可以再赚，失去工作可以再找，但一旦失去信用，就很难再得到别人的信任了。

某高校一位系主任，因为前一年本系的想评职称的青年教师经过他的努力都评上了，于是第二年他许诺系里的年轻人帮他们评上中级职称。然而他把材料报到学校，学校经严格审查，认为只有两个人符合条件。他为此据理力争，跑得腿酸、说得口干，他以为会最后达成目的，因此面对年轻教师的询问，他总是说："放心，放心，我既然答应了，就一定会做到。"

最后，职称评定结果公布了，果然只有那两个符合条件的人评上了中级职称，其他人均未评上。没评上的人当面对这位系主任抱怨说："主任，我的职称呢？"校领导也批评他把关不严。从此，这位系主任再也不敢随意答应他人的事了。

事物总是发展变化的，一个人原来可以轻松做到的事，可能会因为时间的推移、环境的变化而变得有难度。如果轻易对人许诺，可能会给自己以后的行动增加困难，让他人对自己失望。所以，即使是自己能办到的事，也尽量不说"这事没问题，包在我身上"之类绝对的话，要给自己留一点余地，不然一旦遇上某种变故，本来能办成的事没能办成，这样一来，在别人眼里你就成了一个言而无信的人。

人如果做出了承诺，就必须做到。承诺讲究言而有信，行而有果。当然承诺不可随意许下，否则，可能会让自己陷入尴尬的境地。

有些事情如果自己做不到，就不能信口做出承诺，不能实现的承诺不如委婉地拒绝或暂时不做出明确的表示。

晋文公有一次派兵围攻"原"这个地方，并在军队出征前宣布，如果三天攻城不下，即刻退兵。

三天后，眼看着对方援绝粮尽，只要再过一天就会投降，晋文公却坚持退兵，他觉得对人民信守承诺比攻占城池更重要。

结果就因为晋文公的诚信，反而感动对方，主动献城投降。

承诺不可随意许下，明智的人事先会充分地评估客观条件，尽可能不做那些没有把握的承诺。不能为了"面子"，乱开"空头支票"。

小刘是一家印刷机械厂搞推销的业务员，主要负责销售一种平面制版机。由于他刚从事这个行业，对于销售中的很多事情都不太了解，每拿下一笔订单都需要花费比其他人多一倍的时间。

有一次，小刘通过一位朋友牵线搭桥，认识了一家印刷厂的负责进购机器的主任。

在好几家同行相互激烈竞争的情况下，小刘日夜努力，终于说动了客户前往小刘所在的厂家察看样机。小刘的努力没有白费，客户经过详细的考察，双方约定第二天上午10点商谈签订合同事宜。

　　谁知当晚，小刘又接到另外一家厂商要买机器的通知。于是他连夜赶去商谈，因为达成协议后多喝了几杯酒，再加上小刘连日奔波，非常疲劳，以至于第二天醒来的时候已经过了约定的时间。当小刘赶到约定地点时，客户已经同另外一家厂商签订了合同。

　　小刘很生气，责问对方为什么言而无信。对方却说，时间就是金钱和效益，守时就是守信誉。一个连时间观念都没有的人，在长期的合作中不值得信赖。因此，他宁可花大价钱同小刘的竞争对手签订合同，也不愿意和不守诺言不守时的小刘合作。

　　信守承诺是一种重要的美德，它与夸夸其谈、不负责任有着本质区别。承诺即责任，信守承诺，就意味着自己要承担相应的责任。慎重许诺，坚决履行诺言，是负责任的表现。人信守承诺，会为自己赢得信任；而失信于人，既是对自己不负责任，也是对他人的不尊重，甚至会对他人、对集体的利益造成损失。

　　人只有诚实守信，社会秩序才能有条不紊，文明进步才有可能。"人而无信，不知其可"，对个人而言，信守承诺乃立身之本；对社会而言，诚信是美德，是做人处世的基本准则，是每个人都应坚守的道德品质。

▌真诚地表达对别人的赞美

赞美是一门学问，更是一种艺术。与人交往过程中打动人心的最好方式就是赞美。

在人际交往中，"会说话"的人常常使用赞美的语言。赞美是对人的一种肯定，一种重视。真诚的赞美会让人舒心悦耳，而恰如其分的赞美是维持良好人际关系的润滑剂。

交往中，适当的赞美能取悦人心，无论是对自己最亲近的人还是陌生人，因此，我们不要忘了沟通中应经常使用表示由衷赞美的语言。

　　一位吃苦耐劳的主妇为丈夫、孩子辛苦了大半辈子，但她的家人习惯了她的辛苦付出和好脾气，不管是丈夫还是孩子，从来没有意识到应该对她付出的辛苦和爱表示感谢和赞美。这位吃苦耐劳的主妇渐渐觉得很委屈。她的情绪变得越来越差，脾气越来越暴躁。

　　有一天，在辛苦劳作了一天以后，她在丈夫和孩子面前放了一大堆牧草，当他们莫名其妙地看着她的时候，她说："我已经为你们煮了20年的饭，却从来没有听到你们说过什么称赞或感谢我的话，我所做的一切看来是没有意义的，你们根本不懂得感恩，现在我要离开你们。"

　　可见，生活中如果没有了感恩的心、赞美的语言和欣赏的目光，很容易让人失望、悲伤甚至愤怒。人人都爱听赞美的话，如果我们总是毫不客气地对一个人直言批评，他心里哪会像听到赞美的话那样觉得愉快？

　　予人玫瑰，手有余香。真诚地表达对别人的赞美，别人听了会心里舒服，也会觉得愉快，这是与人沟通的一种重要技巧。

　　赞美要发自内心，实事求是，不能虚情假意，阿谀奉承，否则会令人反感，赞美也不是千篇一律的恭维客套。当你赞美时，要认真发掘对方的优点，对不同的人说出不同的赞美之词。

比如，面对商人，可以夸他头脑精明，做事灵活，懂得致富之道；

面对知识分子，可以说他学富五车，笔下生花，境界高远；

面对长辈，要表达对其人生经历的敬佩和向其请教学习的愿望。

赞美别人就像"送礼"，"送礼"要送对方需要的物品，赞美要说对方希望听到的话。面对不同的人，要想表达赞美之词，就要明确对方最想听到什么样的赞美。

而如何对别人说出恰当的赞美之言，是需要学习的。

"打鼓打在点子上"，这是我们经常听到的一句话。不仅打鼓如此，说话亦如此，要说到"点子"上。赞美他人要发自肺腑地赞美，要说出最能打动他的心的话，这样才会产生意想不到的效果。

美国著名的柯达公司创始人伊斯曼，出巨资在罗彻斯特建造了一座音乐堂、一座纪念馆和一座戏院。为承接这批建筑物内的座椅订单，许多制造商展开了激烈的竞争。

但是，找伊斯曼谈生意的商人无不乘兴而来，败兴而归，一无所获。在这样的情况下，优美座位公司的经理亚当森前来会见伊斯曼，希望能够谈成这笔价值9万美元的生意。

伊斯曼的秘书在向伊斯曼引见亚当森之前，就对亚当森说："我知道您急于想得到这批订单，但我现在可以告诉您，如果您占用了伊斯曼先生5分钟以上的时间，您就完了。他是一个惜时如金的人，所以您进去后要尽快表达清楚自己的想法。"

亚当森微笑着点头。亚当森被引进伊斯曼的办公室后，看见伊斯曼正埋头浏览桌上的一堆文件，于是静静地站在那里仔细地打量起这间办公室来。

过了一会儿，伊斯曼抬起头来，发现了亚当森，便问道："先生有何见教？"秘书对亚当森做了简单的介绍后，便离开了。这时，亚当森没有提及生意，而是说："伊斯曼先生，我在等您的时候，仔细地观察了您这间办公室。我长期从事室内的木工装修工作，但从来没见过装修得这么精致的办公室。"

伊斯曼回答说："哎呀！您提醒了我差不多已忘记了的事情。这间办公室是我亲自设计的，当初刚建好的时候，我高兴极了。但是后来工作太忙，一连几个星期我都没有机会仔细欣赏一下这个房间。"

亚当森走到墙边，用手在木板上一擦，说："这是英国橡木，是不是？意大利的橡木质地不是这样的。"

"是的，"伊斯曼高兴得站起身来回答说，"是从英国进口的橡木，是我的一位专门研究室内橡木的朋友专程去英国为我订的货。"

伊斯曼心情极好，带着亚当森仔细地参观起办公室来。他向亚当森介绍办公室内的装饰品，从木质谈到颜色，从手艺到价格，然后又详细介绍了他设计的经过。亚当森一直微笑着聆听，表现得饶有兴致。后来他看到伊斯曼谈兴正浓，便好奇地询问起他的人生经历。

伊斯曼向亚当森讲述了自己苦难的青少年时代的生活，母子俩如何在贫困中挣扎的情景，自己创建柯达公司的经过，以及自己打算为社会所做的巨额捐赠……

亚当森由衷地赞扬伊斯曼的奉献和感恩之心。本来秘书警告过亚当森，谈话不要超过5分钟。结果，亚当森和伊斯曼谈了好几个小时，一直谈到中午。最后，伊斯曼对亚当森说："上次我在日本买了几张椅子，放在我家的走廊里，由于日晒，都脱了漆。昨天我上街买了油漆，打算自己把它们重新漆好。您有兴趣看看我的油漆表演吗？我想请您到我家里和我一起吃午饭，再看看我的手艺。"

午饭以后，伊斯曼便动手把椅子一一漆好。直到亚当森告别的时候，两人都未谈及生意。然而，几个星期后，亚当森不但得到了座椅的订单，此后和伊斯曼还结下了终生的友谊。

为什么亚当森赢得了这笔订单，而其他人却没有？这与亚当森的赞美有很大关系。如果他一进办公室就谈生意，十有八九谈不成。亚当森成功的诀窍，就在于他了解谈判对象。他从赞美伊斯曼的办公室入手，进而巧妙地赞扬了伊斯曼的成就，他们谈得更多的是伊斯曼的"得意之事"，这样，伊斯曼认为找到了知音，把亚当森视为知己，这笔订单当然非亚当森莫属了。

每个人都非常重视自己，也希望别人重视自己、关心自己，如果你让对方谈自己的得意之事，或由你去说出他的得意之处，这是对他最大的赞美，他会对你产生好感，与你成为朋友。

贴切的赞美往往会迅速缩短人与人之间的心理距离。鼓励和赞美，会使人有一种满足感和成就感。所以，只要你的赞美是发自内心的，他人就会对你产生好感，愿意与你进行交往交流。

下 篇

沟通中的表达
要恰如其分

→ 把话说到"点"上，才是有效沟通

→ 冷静应对无礼言辞

→ 中途插话有技巧

→ 能言善辩是练出来的

→ 有理也要让三分

→ 巧妙拒绝有方法

→ 批评有效果，策略很重要

→ 借用身体语言为说话加分

→ 跟谁都能聊得来

→ 口才训练有诀窍

→ 避开沟通中的"雷区"

→ 沟通中的情绪管理

把话说到"点"上，才是有效沟通

俗话说："吹笛要按到眼儿上，敲鼓要敲到点儿上。"

沟通也是这样，话不在多，说到"点"上才行。那么，怎样才能说到"点"上呢？

1. 突出重点。

我们与他人沟通时，要注意突出重点，不要滔滔不绝、东拉西扯地说个没完没了，否则，不仅浪费时间，对方还可能分不清你要表达的重点。

　　只有把话说在"点"上，话才会起作用，他人也才会心悦诚服地接受。

　　罗斯是一位投资大亨。

　　有一年，他与商业伙伴飞往某大城市，准备寻找合作伙伴投资建厂。几天之后，罗斯坐到了谈判桌前，谈判对象是一家大型企业的负责人。这位负责人显得十分精明能干，而且了解市场行情，这一点让罗斯十分欣赏。

　　在听了这位负责人对合资企业的宏伟规划后，罗斯憧憬着合资企业的美好前景。当双方正准备签合同时，这位负责人极为自豪地加了一句："我们企业拥有3000多名职工，去年一年就创造利润900多万元。我们企业的实力绝对过硬，相信我们的合作将会非常成功……"

　　听到这位负责人如此说，罗斯细想了一下：3000多人一年就赚这么点儿钱啊！这位负责人居然还十分自豪和满意。这让罗斯感到十分失望，跟自己设定的目标相差太远了！若是真和这位负责人合作的话，自己企业的经济效益是很难有保证的。最终，罗斯决定立即终止合作。

　　那位负责人倘若不说最后那句沾沾自喜的话，或许谈判会是另一种结果，而最后那句画蛇添足的话，不但暴露出他们公司的不足，还让罗斯失去了与其合作的信心，最终收回了投资意向。可见，话若是说不到"点"上，还可能惹出麻烦。

我们常见这样的情景：有人在与人交谈时喋喋不休，但却词不达意，啰唆个没完没了，让人听着摸不着头脑；还有人夸大其词，说话不留余地，不讲分寸，最终让听者心存疑虑。这都是沟通抓不住重点造成的结果。

所以，沟通一定要言之有物，否则就少说或者不说。沟通要说自己经过深思熟虑的话，说自己有把握的话，说能够打动人心的话；而那些自己没有把握的话尽量不说，言不由衷的话、表里不一的话更不能说，诋毁人的话自然也不能说，当然，更不能无中生有，在别人背后乱嚼舌。

总之，在开口之前，先把多余的"废话"过滤掉，尽可能把话说到"点"上，让人听明白。

2."不被别人牵着走"。

沟通中要把握自己的立场，牢记自己沟通的目的，不要"被别人牵着走"。

对于自己深思熟虑后的观点要有所坚持，不可人云亦云，或为了迎合他人而轻易否定自己的观点。

古希腊著名的哲学家苏格拉底在一次讲课时将一个苹果摆在讲台上，他说："请大家闻一闻空气中的味道，告诉我你们闻到了什么味道？"

一名学生迅速地举起手说："我闻到了苹果的香味。"

苏格拉底走下讲台，举着苹果慢慢地从每一个学生面前走过，并叮嘱说："请大家再仔细地闻闻，空气中到底有没有苹果的味道？"

这时已有半数的学生举起了手，表示自己闻到了苹果的香味。

苏格拉底走上讲台，把刚才的问题又重复了一遍。

这一次，除了一名学生没有举手外，其余的都举起了手。

苏格拉底走到没举手的学生面前说："你难道真的没有闻到苹果的芳香气味？"

那个学生肯定地回答道："我什么也没有闻到！"

于是，苏格拉底宣布说："他是对的，因为这是一只假苹果，根本就没有味道。"这个学生就是后来大名鼎鼎的柏拉图。

从这个事例可以看出，坚持自己的观点，不随波逐流，也是沟通中的一项重要原则。

3. 适时转移话题，摆脱不利局面。

在与人沟通时，有时难免会出现意见不一致、相互对立或者一方想让另一方服从自己的情况。如果双方都固执己见，非要争出个高下，就会导致双方僵持不下甚至怒目以对。

在这种情况下，需要的是学会转换话题，缓和气氛，扭转不利局面。转换话题的方式很多，常用的有以下几种：

（1）避其锋芒。

有时双方意见会发生冲突，此时不要一味地争论下去，否则，可能会发生激烈的争吵，不如先将问题绕过去，暂时避其锋芒。

比如，在学习方法的问题上，一对母女意见不合，产生了矛盾。女儿不愿意和母亲闹僵，只好等待时机再说服母亲。

一天，吃饭时，母亲又唠叨起来："你也不小了，也该知道用功了。你看隔壁的小红，一放学就待在家里做那些课外补习班的题目，节假日也不例外。"

"妈，这个红烧茄子是不是按照隔壁李阿姨的方法做的？颜色这么好看，你快过来看呀！"女儿有意回避话题，采取"碰到红灯绕道走"的办法。

这是谈话中转移话题、避免冲突的主要方式。

（2）迂回前进，摆脱僵局。

当谈话场面出现僵局的时候，如果一直停留在原来的话题上，可能双方都会感到尴尬或不快，这时，需要找出导致谈话出现僵局的关键问题在哪里，然后采取迂回前进的策略，将话题绕过去，待双方在其他的话题上表现出兴趣且气氛有所缓和时，可再回到原来的话题上，这样就可以打破僵局。

在某公司的一次商业谈判中，双方在资金问题上各执己见，互不相让。该公司要求对方公司的投资资金一步到位，如此才能保证自己全面投产，而对方却要求分期投资，一边投资，一边观察市场。

为了不使谈判破裂，该公司的谈判代表思索了一会儿，面带微笑，避开争论的问题，说："你们公司实力雄厚，信誉之高，皆为同行所共知，用你们的资金和信誉与我们合作，我们很快就能成为市场的焦点。这样不仅对我们有利，而且对你们更有利。"

对方的谈判代表一听此话，态度立刻由消极转为积极，大家都对今后的合作充满了希望，该公司的代表看到气氛轻松起来，趁势将话题一转，说："我们已经做过市场调查，本产品有很大的开发潜力，一经上市，回收资金指日可待。但是目前我们由于受资金的限制不能进行批量生产。"

就这样，该公司的谈判代表绕过了双方都不肯让步的焦点，另辟蹊径，一步一步地坚定对方投资的信心，最后终于达成了协议。

由此可见，在双方交谈过程中遇到障碍时，顺其自然地转移话题，不仅能暂时缓解气氛，让对方感觉轻松，还能营造出良好的交谈氛围，同时也对自己控制沟通局面十分有利。

▌冷静应对无礼言辞

我们在与他人沟通时，难免会遇到一些胡搅蛮缠、无理取闹的人。例如，在一群人交谈时，有人故意提起一件大家讳莫如深的往事，揭人短、让人出丑，公开别人的隐私，或是取笑别人。

遇到这种无礼之人时，大可不必为此而失去理智，与其发生冲突。此时要控制好自己的情绪，保持冷静，以巧妙的方式加以应对。以下几种做法可供参考：

1. 以幽默解围。

不管是调节气氛还是作为反击的武器，幽默永远是最好的方式，这远胜过唇枪舌剑的针锋相对。

杜罗夫是俄罗斯著名的丑角。

在一次演出幕间休息的时候，一个很傲慢的观众走到他的身边，讥讽道："丑角先生，你非常受观众欢迎吧？"

"是的。"

"丑角要想在马戏班里受到欢迎，是不是就必须有一张愚蠢而又丑陋的脸呢？"

听到此话，很多人围了过来。

"确实如此。"杜罗夫明白了这位观众的恶意，立即回答说，"如果我能有一张像先生您那样的脸的话，我准能拿到双薪。"

这位傲慢观众出言不逊，言辞尖酸刻薄，但杜罗夫并没有与其发生直接冲突，而是"以其人之道还治其人之身"，以幽默的话巧妙地加以还击，轻松地为自己解了围。

2. 借其言，反其意义。

对一些无礼的言辞还可以用反击语言应对，但这种反击的语言一定要与对方的语言表现出某种关联，在关联中驳斥对方，这样能充分暴露其言辞的荒谬性，起到反击的作用。

海涅是犹太人，在一个晚会上，一个人对海涅说："我发现了一个小岛，这个小岛上竟然没有犹太人和驴子。"

海涅看了他一眼，不动声色地说："看来，只有你和我一起去那个岛上，才会弥补这个缺憾。"

"驴子"在德国南方语言中，常常是"傻瓜、笨蛋"的代名词。面对身为犹太人的海涅，将犹太人与驴子并称，无疑是侮辱人，可海涅并没有与对方争吵，甚至对这种说法也没有提出异议，相反，他把这种并称换成"你和我"，这样就一下子把"你"与"驴"等同了。

这种"以其人之道，还治其人之身"的反讽式语言，正是对待无礼之人的最好还击，比那些直接攻击对方的语言更有"杀伤力"。

当然，对待别人无礼的言辞还有许多其他的方法，但原则上还是要与人为善，一些无伤大雅的玩笑话可以不计较，但也不能一味地忍气吞声，在必要的时候要根据实际情况用适当的话语反击一下对方，让对方有所收敛。

3. 以柔克刚制蛮横。

我们有些时候会遇到一些蛮不讲理或是情绪激动的人，如果一直保持沉默，会让对方得寸进尺；如果与之唇枪舌剑进行理论，免不了两败俱伤。那应该怎么办呢？此时可以用绵里藏针的语言，让对方理屈词穷，知难而退。

生物学家巴斯德，有一次在实验室工作时，一个男子突然闯进来，用一些"莫须有"的罪名而指责他，争论中对方提出决斗。

巴斯德完全可以将对方赶出门去，或者奋起决斗，但是那样并不能解决问题，甚至会造成两败俱伤的恶果。巴斯德想了想说："我是无辜的……如果你非要决斗，按照决斗的规矩，我有权选择武器。"

对方同意了。巴斯德指着面前的两只烧杯说："你看这两只烧杯，一只里有天花病毒，一只有水。你先选择一杯喝掉，我再喝余下的一杯，这样可以了吧？"

那男子一下子怔住了，只得停止争论与挑战，尴尬地退出了实验室。

巴斯德提出的柔中带刺的难题，击败了对方。

4. 冷静应对情绪激动之人。

沟通中还会遇到情绪激动之人，对此要冷静、要有耐心，因为此类人常因急于表达反而词不达意，所以必须耐心听其叙述，也给自己留出足够的时间准备。

在细心倾听对方讲述的过程中抓住重点，不和他们在细枝末节上纠缠不休，有些问题即使是你无法解决的，也可采用迂回战术，能合理让步的就让步，但不能轻易做出承诺。

《老子》中说："天下莫柔弱于水，而攻坚强者莫之能胜。"这句话的意思是刚劲的东西不一定要用更刚劲的东西来征服，有时最柔软的事物也是最坚韧的事物。

所以，对待无礼言辞，不必太在意，回应时要做到不卑不亢，在礼貌中保持尊严。

▎中途插话有技巧

几个人谈话，一人正说得兴奋，在座的一人突然打断说话者而发表自己的意见，这就不是适当时机的插话。

交谈中有人插话了，原先的说话者请他不要说，但他仍说，这也不是适当时机的插话。

在座的几个人开始有序说话，后来同时说话，这也不是沟通的正确方式，局面会很混乱，因为大家都听不清别人在说什么，起不到沟通的效果。

正确的插话方式是等别人把话题讲完，或到一个段落时，再插进来说自己的意见或提出自己的话题。

当然，有些附和的插话或请说话者重复前面的话的插话，是可以中途打断说话者的，这属于在恰当的时机插话。插话主要是针对谈话的具体内容和情境，插入适当的话语来调节谈话氛围，推进谈话进程。但如果插话选择的时机不当，表面上得到了"发表高论"的机会，实际上是没有礼貌的表现，反而会引起他人的反感。

在对待打断他人谈话这个问题上，我们不能一概而论地予以否定，要明白发生这种情况可能并不是针对发言者的。插话者也许有很多话急于说，也可能会激动或渴望于立刻明确他们的观点，也许有时候，他们已经从发言者那里得到了足够的信息，于是希望通过说出他们在想什么来立刻参与辩论或谈话；还有时候，有些人认为说话者已经说清楚了，所以他们打断了说话者，上述这几种人不认为自己的插话是不对的表现。对于这些人，可以提醒他们在说话者说完后再说。

沟通本是由听和说构成的一种行为，善于倾听有助于沟通，而在恰当时机的"插话"，会起到明确沟通主旨，调节沟通气氛，让沟通能够深入的作用。

　　所以，选择恰当的插话时机很重要，沟通中若想让插话产生预期效果，一定要选择好时机。

　　某校高三年级要召开家长会，课间，几个同学围在一起聊了起来。有一个男同学发牢骚说："每次开完家长会，我就'很受伤'，总是被老师批评、爸妈抱怨。我看，这家长会是老师联合家长整治学生的机会，是打压成绩差的同学的会议！"

　　恰巧，班长听到了这种消极、错误的言论，想对这个男同学晓之以理，予以纠正，但听到他说个不停，便暂时没有插话，他耐心地等那位男同学把牢骚话倾吐完，趁他话语停顿的间隙说道："我的看法恰恰相反，我认为家长会是老师与家长直接交流的一次机会，是学生进一步赢得家长在学习方面支持的契机啊！就说上次开家长会吧，我老爸回去后跟我交流了半个多小时，从那以后，安排我补课的次数减少了，让我自主学习的时间增多了。"

　　发牢骚的男同学找不到更好的理由反驳班长，挠挠脑袋笑着说："看来我和老爸交流得不够，家长会还是需要的，我收回刚才说的话……"

　　这个案例中的班长对男同学的消极错误观点是持反对态度

的，但他并没有一听到这种观点就直接打断对方进行反驳，而是等发言者把话说完后，才表明自己的观点。试想一下，如果班长贸然打断对方，立即表明反对态度的话，那个男同学定会产生反感情绪，甚至对班长的观点产生抵触心理，也就听不进去班长的好心劝告了。

所以说，插话把握时机很重要，"插"得好与不好，效果会大相径庭。

那么，在谈话过程中该如何适当地"插话"呢？

1. 留心倾听。

一般来说，在插话之前，应首先细心倾听说话者的发言，以便弄清讲话人讲话的核心观点和主要意图，这样插话方可有的放矢，针对内容发表自己的观点。

2. 把握时机。

当发言者谈兴正浓时，不能贸然插话，否则，只会让发言者产生不满，因为这样会打断他的思路，让他忘记接下来要讲的内容；而且，如果没听明白别人的话就抢着插话，乱下结论，以显示自己的高明，一是自己说的未必对，二是显得不够尊重对方，会让别人觉得你没有教养。

3．顺题立意的插话。

插话时应顺应发言者的话题展开，如果要发表自己言论或转移话题，也应先肯定对方，再加以巧妙的过渡，以避免发言者产生误解。

4．注意发言者的提示。

发言者都希望别人对他的话有一定的反应，在说话过程中可能会询问对方："您觉得如何？""不知您有什么高见？""能请您谈谈吗？""我很想听听您对这个问题的看法。"

这些都为插话提供了好时机。插话者可以在此时多谈一些自己的观点，或借机提出自己的话题，让谈话顺利地进行下去。

5．针锋相对的沟通氛围，不宜随意插话。

如果沟通中有人因为观点不一致、认识相左而针锋相对时，这时插话主要是为了平息"战火"。倘若做不到这一点，就不能随意插话，否则，往往会使一方误解你或认为你偏袒另一方。

但如果想以插话转移争论者的争论焦点，需要注意察言观色，把握好双方争论中"停火"的时刻，巧妙进言，缓和气氛，平息冲突。

与插话不同，有些人在沟通时喜欢"抢话"，这种人热衷于抢夺话语权，经常等不及别人说完，就说自己想说的话题。

"抢话"和"插话"的性质并不相同，抢话者一般不顾及他人感受，不注意倾听他人的话，抢了别人的话后，自己滔滔不绝地说，使交流无法进行下去。

选择时机的插话不同于"抢话"，会分为合乎时宜插话、回应插话、贸然插话几种，正确的插话是有助于沟通的，而抢话所起到的作用正相反。因此，抢话者应学会"自控"，改掉自己不文明的行为。

▎能言善辩是练出来的

当今社会，人们之间交往、交流日趋频繁。而在人际交往中，每个人都可能会遇到与自己观点相异的人，大至思想观念、为人处事之道，小至对某人、某事的看法与评论，在这些问题上，不同程度的差异都可能会引发人与人之间的语言冲突。

其实，生活就是在彼此的观点和言语的碰撞中变得丰富多彩起来。当然，无论是争论、争辩、辩论都是一种交流方式，不一定带有"敌意"，即使一方带有敌意，另一方也未必要唇枪舌剑予以还击。

而有目的地讨论问题的辩论则需要双方多思考，辩论时讲究说话方式，这样既有助于双方达成一致的观点，又不会伤了和气。

古人说："一人之辩，重于九鼎之宝，三寸之舌，强于百万之师。"可见，能言善辩的人历来受到人们的推崇和尊敬。能言善辩的人常常能化不利为有利，凭借语言智慧占上风。

乾隆皇帝知道纪晓岚能言善辩，机智聪敏。一天，皇帝故意问他说："纪晓岚！我问你：何为忠孝？"

纪晓岚说："君叫臣死，臣不得不死，是为忠；父叫子亡，子不得不亡，是为孝。合起来，就叫忠孝。"

纪晓岚刚说完，乾隆皇帝就说："好！朕赐你一死。"

纪晓岚当时就愣了，心想：皇帝怎么突然要赐我一死？但是皇帝金口玉言，纪晓岚只好"谢主隆恩"，然后走了。

纪晓岚出去以后，乾隆皇帝也觉得这个玩笑开得有点大，接下来不知该如何收场：纪晓岚如果不死，就是犯了欺君之罪；如果真死了，岂不是成了一桩冤案？

过了半炷香的工夫，纪晓岚回来了。乾隆皇帝一看故意说："大胆纪晓岚！朕不是赐你一死吗？你为什么又回来了？"

纪晓岚说："皇上，臣去死了，正准备跳河自杀，屈原突然从河里出来了，他怒气冲冲地说："想当年我投汨罗江自杀，是因为楚怀王昏庸无道；当今皇上皇恩浩荡，贤明豁达，你怎么能死呢！'臣一听，就回来了。"

乾隆皇帝一听，暗自佩服，嘴上解嘲说："好一个纪晓岚，你真是能言善辩啊！"

那么，怎样成为一个能言善辩的人呢？

1. 避免无益的争辩。

当自己的想法、意见与人不同时，当自己的言行遭人非议时，许多人都会本能地奋起辩驳。实际上，这种争辩是要避免的，因为争辩是无益的。遇到此种情况，先不要急于与对方争论，而要针对问题进行冷静的思考，可以问问自己如下问题：

如果最终在争辩中胜出，有什么意义？

如果没有什么积极意义，那大可不必动用"唇枪舌剑"，不妨一笑置之。

同样，当你向别人"挑战"的时候，一定要让自己的话有意义、有助于解决问题并达成共识，没有必要在那些无关宏旨的细节琐事上大费口舌。

与人争论要搞清楚争论的目的和意义，如果仅仅是因为虚荣心或面子上下不来而导致的争论，大可就此打住。如果对对方有敌意或有深刻的成见，那么，在这种紧张的氛围中最好不要再与其争论，以免火上浇油，引发更激烈的冲突。

2. 争辩不是争吵。

争辩是为了明是非，只要采取实事求是的客观态度，使用文明、温和的语言，争辩完全可以成为一种有益的、心平气和的思想交流。

争辩要以理服人，用事实说话。要做到不强词夺理，不揭人隐私，不因观点不同而进行人身攻击，更不能威胁、恐吓他人。

争辩是为了说理，说理的常见方式有：选取与对方所提及的内容相反的事例来证明对方的谬误，从而反驳对方论点，维护自己的论点；以名家名言为论据进行论辩，让名家名言作为自己论证的有力材料；以史实进行论辩，证明自己正确，对方错误；以数据进行论辩，维护自己观点等。具体方法有下面几种：

（1）移花接木法。

找到对方论据中存在的漏洞，用有利于自己的观点或材料进行批驳，往往可以取得"四两拨千斤"的奇效。

（2）顺水推舟法。

表面上认同对方观点，顺应对方的逻辑进行推导，但在推导中根据有利于自己的论据，设置某些符合情理的"障碍"，使对方观点在所增设的条件下不能成立，从而反驳对方观点，得出自己的结论。

（3）正本清源法。

即指出对方论据与论题的无关或者背道而驰，从根本上否定对方论据的立足点，本法相比于"顺水推舟法"的论辩方法，是反其思路而行。

（4）"引蛇出洞"法。

如果在辩论中对方死死守住自己的观点，双方僵持不下，在这种情况下，可以采取迂回的方法，从看来并不重要的问题入手，加以引导和过渡，从而反驳对方。

辩论是培养思维能力和口才的好方法，在这一过程中，可以灵活施展的技巧也有很多，只要以实事求是的态度，将积累的知识和辩论技巧结合运用，就能提高辩论能力。

▋有理也要让三分

古人说：事不可做尽，有理也要让三分，得饶人处且饶人。这是什么意思呢？

生活中，人都会有做错事或有求于人的时候，也都有有理之时、得势之时。在前一种情况下，因为理不在自己一方，于是诚惶诚恐，希望他人能宽容待己。

在后一种情况下，人可能会有两种态度。一种是"这下子可好了，你可犯在我手里了"，对对方百般刁难，让他过不了关；另一种是给人家一个"台阶"，放人家过关，不苛求，不发难，即使是仇人也宽容待之。

第一种人心胸狭窄，第二种人心胸宽广。第二种态度就是有理让三分，得饶人处且饶人的做法。

战国时，楚王赏赐群臣饮酒。一个人因酒喝多了，垂涎王妃的美貌，趁黑抓住了王妃的衣袖。而王妃也一把抓下了这个人头上帽子的缨子，并叫国王赶快亮灯捉人。

但楚王没这么做，他叫所有的人，都揪下自己头上帽子的缨子，继续饮酒，这样这个人就查不出来了。

过了三年，楚国与另一国交战，有一个人异常勇敢，和敌人打了五个回合，都冲在前面，最后打退了敌人。

国王问他："我不曾给你什么恩惠，你怎么这样卖命啊？"那人说："我就是那年的那天晚上被王妃扯掉帽子缨子的人。"

常言道："千人千思想，万人万模样。"意思是说，每个人对同一种事物各有不同的看法，所以，人与人在交往中难免会产生一些矛盾。产生了矛盾，应尽量解决，而不能逞口舌之能，让矛盾升级或扩大化，也没有必要非得和别人争个清楚明白，记住有理要让人三分，是做人的上策。

人都有自尊心和好胜心，有些人觉得自己受了委屈，便会为了维护自己的利益千方百计为自己辩解，甚至一定要和别人一争高下；有些人一旦自己占了理，便趾高气扬，自以为是，处处刁难别人。

实际上，世上没有不受委屈的人，受了委屈就为自己辩解，没有必要，人若受不了委屈，还谈什么为人处事呢？得理后刁难他人，是心胸狭窄的表现，会让人觉得你没有修养。平等待人，善包容，不仅可以培养友谊，也能显示自己的修养，而为了一时的高下之争牺牲友谊、与人为敌是不明智的表现。

在与人产生分歧时，要以一种平和、宽容的态度对待他人，不要总是强调自己的理由而责备对方，即使自己有理也要注意言辞温和，这样才能更好地和别人沟通，尽快解决问题。如果总是谴责别人，抓他人"小辫子"，只会使双方争吵不止，甚至使矛盾深化，伤害彼此的感情，影响友谊。

"服务员！你过来！你过来！"

一位顾客高声喊着，指着面前的杯子，沉着脸说："看看！你们的牛奶是坏的，把我这杯红茶都糟蹋了！"

"真对不起！"服务员一边赔着不是，一边微笑着说，"我立即给您换一杯。"

又一杯红茶很快就准备好了，一碟柠檬和一杯牛奶也端了上来。服务员轻轻说道："我想建议您，如果放柠檬就不要放牛奶，因为有时候柠檬酸会造成牛奶结块。"

顾客的脸一下子红了。

有人笑问服务员："明明是他的错，你为什么不直说呢？他那么粗鲁地对你，你为什么不还以颜色？"

"正是因为他粗鲁，所以我要用婉转的方式对待他；正是因为道理一说就明白，所以用不着大声。"服务员说。那个问话的人点了点头表示同意。

当自己的意见被别人直接反驳时，内心往往不痛快，甚至会被激怒。所以，上述例子中的服务员没有采取直接争辩或批评的方式与顾客进行沟通，而是委婉地纠正了顾客错误的做法，不仅化解了顾客的怒气和可能发生的冲突，而且还赢得了其他人的赞许。

有些人特别喜欢和别人讲道理、论是非，尤其是双方出现分歧、僵持不下的时候，他更会死咬住道理不放，最后弄得双方心情都十分不悦。

其实，在纷繁复杂的社会交往中，谁能保证自己不会和别人发生一些争执？谁又能保证自己时时处处都占理？只要与人没有根本的利害冲突，即便自己占理，也应让人三分、见好就收，这样不仅可以化解矛盾，还能够让彼此加深理解、增进友谊，对于建立融洽和谐的人际关系起到促进作用。

▌巧妙拒绝有方法

人都希望获得别人的认同，因此，拒绝他人并不是一件容易的事，如果拒绝话说得不好，可能会影响人际关系。很多"会说话"的人，尽管拒绝了别人，但对方听着舒服，心里也不会有什么不满。

美国前总统富兰克林·罗斯福在就任总统之前，曾在海军部担任要职。

有一次，他的一位好朋友向他打听在加勒比海的一个小岛上建立潜艇基地的计划。罗斯福神秘地向四周看了看，压低声音问道："你能保证不对别人说吗？"

"当然能。"

"那么，"罗斯福微笑地看着他说，"我也能。"

罗斯福用轻松幽默的语言委婉含蓄地拒绝了对方，在朋友面前既坚持了不能泄密的原则和立场，又没有使朋友难堪。

在罗斯福去世后多年，这位朋友还愉快地谈及这件轶事。试想，如果罗斯福表情严肃、义正词严地加以拒绝，甚至心怀疑虑，认真盘问对方为什么打听这个、有什么目的、受谁指使，其结果必然是两人之间的友情出现裂痕甚至危机。

拒绝也要讲究方式方法，巧妙拒绝，既不伤人自尊，又能广结人缘，还不会招来非议和埋怨。

有时候，有些关系很好的朋友找你办事时，你为了不驳朋友的"面子"，或为了证明自己的能力，常常对于对方提出的一些要求毫不犹豫地接受，但有些事情并不是自己很容易就能办得到的，况且还有一些不可预知的外界因素存在，最后有可能办不成朋友委托的事。所以，当你面对朋友提出的要求时，你在答应之前得先仔细考虑一番，若是自己爱莫能助，就要如实和对方讲清楚。否则，随便夸下海口不但会让自己陷入纠结的境地，如果事情办不成，到最后还可能伤了和朋友之间的感情。

当然，回绝别人是一件很困难的事情，尤其是在面对比较熟悉的人时。就拒绝和承诺来说，承诺显然更加容易说出口，而拒绝会让人有"难为情"的心理，因此，很多人认为拒绝是困难之事，能避免就要避免。

有人可能会说：有些时候，朋友迫使自己"非答应不可"，但事实上自己根本就不可能办到，这时该怎么拒绝呢？

成功学家告诉我们：在听完别人的陈述和请求之后，如果你想要拒绝，可以轻轻摇摇头，但反应不能过于激烈。轻轻摇摇头，表明了否定的态度，对方看见你摇头，就会明白你办不到，然后你再从容地说出自己为什么要拒绝，这样能让别人理解你的难处，不会对你怀有不满情绪。

小郑的一位好友是人寿保险经纪人，有一天，他来到小郑的家里玩，谈话中说到了自己卖的保险，于是向小郑介绍了一大堆买人寿保险的益处。最后，他还建议小郑向他买一份保险。

小郑知道这确实是一件很好的事情，但是后来仔细一想，这件事根本就不可行。若是按照朋友说的去做，自己每月要付出的保险费相当于一个月收入的1/3，而目前自己的收入，仅仅能够应付一家人日常的开支。

于是，小郑仔细地听完朋友的讲述之后，轻轻地摇了摇头，然后向朋友说出了上述理由，朋友笑着说没关系，要是以后有需要的话再找他也行。

每个人在生活中都会遇到需要拒绝别人的场合。比如，你是否遇到过下面这些伤脑筋的事：

一个熟人非要向你借钱，但你知道，如果借给他钱很可能收不回来，但碍于情面又不好拒绝；

一个熟识的生意人向你兜售商品，你明明不想买，但是他一直软磨硬泡，试图让你动心；

一位至亲好友，不轻易开口求人，偶尔来求你一次，可是你心有余而力不足，又担心拒绝了他，会让他失望、伤心；

一位患难之交，曾经在你困难时对你鼎力相助，如今他有求于你，你苦口婆心跟他解释你办不到，但他不相信，指责你忘恩负义。

这时，你该怎么办？

记住，你不是神仙，没有"呼风唤雨"、有求必应的本领，该拒绝的时候就得拒绝，只是要讲究方式方法。拒绝有时会"伤和气"，但害怕"伤和气"，不好意思当场说"不"，承诺了自己不愿意、不能办的事，将来仍会是误了别人的事不说，还会与对方结怨。

所以，该拒绝必须拒绝。比如，可用幽默轻松、委婉含蓄的方式表明自己的立场，既可以达到拒绝的目的，又可以使双方摆脱尴尬的处境，让对方知难而退，同时不伤和气。

相传战国时有人想劝庄子去做官，庄子没有直接拒绝，而是打了一个比方，说："你看到太庙里被当作供品的牛马了吗？当它们尚未被宰杀时，披着华丽的布料，吃着最好的饲料，的确风光，但一到了太庙，被宰杀成为牺牲品，再想自由自在地活着，可能吗？"

庄子虽没有正面回答对方，但用一个很贴切的比喻做出了回答，对方自然也就不再坚持让他去了。

轻松幽默的语言，可以减少被拒绝人的内心失落感，用这样的语言委婉含蓄地表明自己"爱莫能助"的处境，动之以情，会让对方看到你的真诚，也相信你拒绝的理由。

以下是一些巧妙拒绝他人的原则和方法：

1. 语言一定要委婉。

要知道，别人放下"面子"开口求你，当然是希望得到肯定的答复，如果你直截了当地拒绝，会让对方"面子"上不好看，毕竟谁都不喜欢被拒绝。

他人的请求就像一个美丽的肥皂泡，如果一下子戳破未免有些残忍，因此，即使自己确实爱莫能助，也应当以相对委婉的方式拒绝他人，而不应该以生硬冷淡的态度直接拒绝对方。否则，不仅会让对方很失落，而且对方还会产生不满情绪，甚至因此怀恨在心。

2. 拒绝的同时表示同情。

每个人在向他人提出请求帮助时，或多或少都会有不安的心理。如果对于他人的求助直接说"不"，势必会伤害他人，引起他人误解甚至忌恨，进而影响双方今后的交往。

所以，当他人向你提出请求帮助时，最好先说一些关心和同情对方处境的话，然后再说明自己无能为力的原因，甚至帮对方想想有没有别的方法，这样既可以赢得对方的理解，又能让对方觉得你是在为他着想，已经尽力而为了，他也就不会感到失落或不满了。

3. 帮助对方另想办法。

当自己对别人的请求感到力不从心或者确实很为难的时候，可以帮他想想其他解决问题的方法，给他提供一些参考和选择。即使你提出的建议并不能完全解决他人的问题，但对方也会觉得宽慰，毕竟你已经尽力帮他出谋划策了。当然，如果对方因为你的帮助解决了难题，你自然会成为他感激的对象。

4. 以转移话题的方式拒绝他人。

对待他人的请求不一定非得要用"是"或"不是"来回答，把问题放置一边不予回答也是一种委婉的拒绝。

例如，如果对方说："我们明天再到这个地方来游玩吧！"你可以说："哦！我想时间不早了，我们该回去了吧！"

你的答非所问会让对方觉得你对这个提议不感兴趣，一听就知道你不愿意答应他的要求，他也就不会再坚持了。

总之，拒绝他人不一定意味着失去朋友，只要掌握了拒绝的技巧并加以恰当运用，便会成为懂得如何说"不"的高情商之人。

▌批评有效果，策略很重要

俗话说得好："人非圣贤，孰能无过？"

在工作和生活中，由于想帮助别人改正错误而提出批评是常有的事，但如何在表达自己意见的同时，又使受到批评的人容易接受而不会产生抵触情绪和逆反心理，这其中的确大有学问。

批评他人时，说话方式非常重要。方式不当，不但会令被批评者难以接受，达不到批评的目的，还会给被批评者造成不良的影响。而批评者本是出于好心却得不到对方的理解，甚至与对方形成隔阂，这种批评也是达不到目的。

那么，什么样的批评方式才是有效的呢？

1. 先肯定对方，再指出错误。

育才小学校长陶行知在校园里看到学生王友用泥块砸自己班上的同学，当即阻止了他，并令他放学后到校长室去。

放学后，陶行知来到校长室，王友已经等在门口准备挨训了。可一见面，陶行知却掏出一块糖果送给他，说："这是奖给你的，因为你按时来到了这里，而我却迟到了。"

王友疑惑地接过糖果。随后，陶行知又掏出一块糖果放到他手里，说："这块糖也是奖给你的，因为当我不让你再打人时，你立即就住手了，这说明你很尊重我，我应该奖励你。"

王友更吃惊了，他的眼睛睁得大大的。这时陶行知又掏出第三块糖果塞到王友手里，说："我调查过了，你用泥块砸那同学，是因为他不守游戏规则，欺负女生。你砸他，说明你正直善良，有跟坏人做斗争的勇气，我应该奖励你啊！"

王友感动极了，他流着眼泪后悔地说道："陶……陶校长，我错了，我砸的不是坏人，而是自己的同学呀……"

陶行知满意地笑了，他随即掏出第四块糖果递过去，说：

"你能认识到自己的错误，我再奖给你一块糖果，可惜我只有这一块糖了，我的糖奖完了，我看我们的谈话也该结束了吧！"陶行知说完，就走出了校长室。

陶行知先生不愧为伟大的教育家，面对犯错的孩子，他没有直接进行批评、惩戒，而是首先满足了孩子渴望得到认同和鼓励的心理，并在此基础上指出他的错误，这种批评方式哪个孩子不愿意接受呢？

2. 用幽默的语言进行批评。

幽默是一种睿智的沟通方式，也是个人素养比较成熟的表现。当你批评别人时，如果采用幽默的语言，就可以缓和批评时严肃紧张的气氛，让被批评的人在相对轻松的氛围中意识到自己的错误，这样既保全了对方的"面子"，对方会心存感激，同时对你的批评也比较容易接受。

美国前总统华盛顿有一个年轻的秘书，一天早上秘书上班迟到了，发现华盛顿正在等他，心里感到很内疚，便说自己手表出了问题。

华盛顿没有直接批评这位秘书，只是平静地提醒道："你得换一块表，否则我就得换一位秘书了。"一句话让这位秘书充分意识到了自己错误的严重性，从此再没有迟到过。

华盛顿幽默的语言远远胜过直接批评，让秘书认识到了自己的错误，批评取得了良好的效果。

3. 以委婉的暗示代替直接批评。

在一家著名的大酒店，一位外宾吃完最后一道茶点，顺手把精美的景泰蓝食筷悄悄插入自己的西装口袋里。

服务小姐不露声色地迎上前去，双手捧着一只装有一双景泰蓝食筷的绸面小匣子说："我发现先生在用餐时，对中国景泰蓝食筷爱不释手，非常感谢您对这种精细工艺品的赏识。为了表达我们的感激之情，经餐厅主管批准，我代表本店，将这双图案最为精美并且经过严格消毒处理的景泰蓝食筷送给您，并按照酒店的'优惠价格'记在您的账单上，您看好吗？"

那位外宾当然明白这些话的弦外之音，在表示了谢意之后，说自己多喝了两杯白兰地，头脑有点发晕，误将食筷插入口袋里，并且借此机会说："既然这种食筷不消毒就不便使用，我就'以旧换新'吧！哈哈哈……"说着他取出口袋里的食筷恭敬地放回餐桌上，接过服务小姐给他的小匣子，不失风度地向付账处走去。

在与人交往时，在不涉及原则问题的情况下，要尽可能保全对方的"面子"，避免使对方当众出丑，批评时可委婉地暗示自己已经知道对方犯的错误，这样"点到即止"，引起对方注意，又不会让对方难堪，这是高明的批评艺术。

当然，批评时的态度要温和。要注意批评的方式方法，才能达成目的，才能让人心甘情愿地承认自己的错误，从而改正。而采用委婉友善的方式代替批评，更容易让对方理解你的良苦用心。

年轻的莫泊桑向著名作家布耶请教诗歌创作。布耶一边听莫泊桑朗读诗作，一边喝香槟酒。

布耶听完后说："你这首诗虽然文字不够流畅，不过我读过更不流畅的诗。你的这首诗就像这杯香槟酒，味道不算太好，但勉强还能下咽。"

这个批评虽严厉，但留有余地，给了对方一些安慰。

犯错的人内心已经很自责了，此时更加需要他人的支持。因此，批评时用这样的话开头，可能效果更好："这件事情你也尽力了，虽然结果还是出了错。我想你现在可能很难受。我们找个时间，一起分析一下失误产生的原因好吗？"

批评时要多说此类同情的话语，这远比严语厉词更容易让人接受。批评人时如果态度温和、真诚，言语适度，就会让被批评者体会到你善意的关怀而不是恶意的指责。所以，真诚往往最能够打动人心。

而态度严厉地批评指责他人，只会让被批评者内心增添不满，甚至与你产生矛盾对立，甚至让被批评者丧失理智和判断力。

心理学家认为父母在批评孩子时要尽量避免说"我都跟你说过多少遍了？你为什么总犯同样的错误呢？"或是"我看你真的是无可救药啦！"之类的话，因为这样会对孩子会造成不良影响，使其产生逆反心理，不仅不能解决问题，还会使亲子关系更加紧张。

而批评如果不顾时间、场合以及对方的性格、心理，态度强硬、语言粗暴，也达不到批评的目的，即使对方意识到自己有错误，也会被你的态度激怒，最终只能弄得双方不欢而散。如果温和地批评之后再做安慰，或批评前说同情、关心之类的话，被批评者后悔、难过的心情会得到缓解、减轻。

批评的艺术，在于态度的把握，批评人时要态度温和，尽量采用鼓励式的方法进行批评，或用温和委婉的语言，让被批评者感觉到错误，并从内心愿意改正自己的错误，这才是批评的策略。

在批评他人之前自己首先要冷静地思考一下被批评者能接受的方式，把自己的愤怒、埋怨等不良情绪先清理走，理智地批评人，这样的方式不但能事半功倍，而且还能在潜移默化中影响被批评者，让其对你产生好的印象，感到你的友善。

批评是为了帮助人，所以，点到为止最好，不可没完没了，不依不饶。中国有句古话叫"响鼓不用重槌敲"，即在批评人的时候，如果方法得当，把批评的话说得好、说得巧，往往能让被批评者心悦诚服地接受批评。

批评时，话语要力求简明，不要喋喋不休地列举对方过错，让对方觉得你老是揪住他的错误不放，心生不满；更不要滔滔不绝讲个不停，使对方没有时间和机会来思考你所说的话。总之，批评不能让人产生抵触情绪，不能让人觉得自己没有受到尊重。

心理医生与患者谈话时常常会有意停顿几秒钟，以观察对方是不是有话要说，同时还会不断运用沉默来暗示患者思考自己讲过的话并提出问题，这样容易使医生和患者之间产生共鸣和相互理解。

批评也是同样的道理。如果只是不停批评，而不给对方表达、理解、接受的余地，就达不到批评的目的。批评时不要把自己的意见强加于他人，以防对方产生逆反心理。

批评的话不在多，而在于精妙。言语精炼，往往能一语中的；如果拖泥带水，东拉西扯，会让人不得要领，如在云里雾里，这样就达不到批评的目的了。

同时要注意，不能因一件事而反复批评人，让对方明白自己的错误就行了，如果总是提起，会使人难以接受。

批评要选择适当的时机和场合。批评的目的是帮助别人进步。人都爱"面子"，都有自尊心，需要被他人尊重，因此，在批评人时要注意时机和场合，在自己情绪激动时最好不要批评别人，因为此时言语中会夹带不好的情绪，别人听起来也不入耳，内心不愿意接受，可能还会进一步引发矛盾甚至扩大事端，导致双方的关系僵化。

有两位在一起工作的领导，一个人职位高些，一个人职位低些。过年了，两个人放弃休假投入到紧张的工作中。一天，他们约定到单位加班，可职位低的那位没来，职位高的人就自己默默地把工作干完了。

上班后，单位发假期加班补助，职位高的人就少发了职位低的人一些钱。

职位低的人因为遇到一件麻烦事，正在气头上，于是在大庭广众下大发雷霆，指责对方有私心。职位高的人默不作声，只是听着，随后解释单位发假期补助的原则，并出示职位低的人工作的天数。

事后，职位高的人把职位低的人找来，职位低的人说道："那天我来加班了，我下午来的。"职位高的人笑道："让你上午来，你却下午来，你这不是爽约了吗？我在中午之前把工作做完就回家了。再说，你下午来也可以告诉我一声啊，你不吱声，我也不知道你来了。我不是说你不诚实，而是说你做事方式欠考虑。"职位低的人听后满面羞愧，非常自责，同时内心更加敬重职位高的人了。

这位职位高的人就是一个善于把握批评时机的人。他明白批评要遵循一个重要的原则，那就是尽量在私下场合进行，批评对事不对人。

在公开场合尤其不能高声大气地批评别人，即使批评孩子也不要当着外人的面，因为孩子也有自尊心，当着别人的面批评孩子会让孩子难堪，使其产生逆反心理。

批评是一种智慧，比赞扬更能考验一个人的应变能力，所以批评更应该注意技巧。

▌借用身体语言为说话加分

身体语言对沟通有很大的作用。

语言可以分为口头语言和身体语言两种，像表情、手势、肢体动作等非口头语言被统称为身体语言。身体语言是指能传达人的特定思想情绪的身体动作与状态，包括目光与面部表情、身体运动与触摸、姿势与外貌、身体间的空间距离等。

我们在与人进行交流沟通时，即使不说话，也可以凭借对方的身体语言来探索他们内心的某些秘密，而对方也同样可以通过我们的身体语言了解到我们的一些真实想法。

　　许多人可以在语言上伪装自己，但身体语言却经常会"出卖"他们。所以，借用好身体语言，也可为沟通加分。

　　和谐的、自然的身体语言是与人交谈过程中不可或缺的组成部分。古今中外许多著名的演说家都十分重视身体语言的作用。像表情、动作、姿势等无声的语言不仅可以传递信息，而且会影响说话的效果。

　　人的身体语言具有三种功能：在激发情感并欲造成渲染效果时；对重要的问题、词句进行加重或强调处理时；在做肯定或否定判定时，都能发挥强化功能；而当人言不尽意或不宜明言时，借身体语言辅助说明，也可发挥身体语言的注释功能；身体语言辅助有声语言，可使二者彼此互补、相得益彰，对"说话"发挥优化功能。

　　曾有一位培训师给保险行业的业务员做培训。当他刚登上讲台时，台下闹哄哄的，只见他从容镇定地环顾了一下四周，然后一言不发地高举右手，摆出一个漂亮的手势。业务员们都很好奇，于是，大家安静下来，把视线集中在他的手势上。

　　这时候，他才开始说话："各位，我这只手曾送出过不计其数的保单，接受过丰厚的红利……"培训师通过手势和开场白引起了大家的兴趣之后，全场鸦雀无声，业务员们开始专注地听他精彩的演讲。

身体语言对说话可以起到一定的画龙点睛或者推波助澜的作用，但使用时要注意适度。像有些人说话时常常手舞足蹈，故意把动作做得很夸张；还有些人刻意模仿一些喜剧明星的习惯性动作，这可能会给人矫揉造作的感觉。

身体语言虽对说话起辅助作用，但太刻意做出夸张、出格的动作，会让人觉得不自然，甚至干扰听话者的注意力，使他们不能专注于听话的内容，这就是喧宾夺主、舍本求末了。人只有将身体语言与口头语言和谐、自然、有机地结合起来，才能达到最佳的沟通效果。

那么，如何正确运用身体语言？

1. 站姿。

与人站着交谈时首先要有正确的站姿，要站直立稳，昂首挺胸，千万不要前后摇摆，左右摇晃，否则，会使人感觉态度不庄重。

2. 面部表情。

面部表情是说话者思想感情的最直接的表达。

比如，当人讲得高兴时，会喜笑颜开，眉飞色舞；讲到令人愤怒的事情时，就会面色严峻，怒形于色；讲到愁闷郁结时，就会皱额锁眉，面容忧伤……

面部语言在运用时不能过于刻意，表情也要符合说话情景，不能没有表情或者在说话的过程中始终一副冷冰冰的表情，这样会非常不自然，会让人觉得虚情假意或者听起来索然无味，引不起对方的兴趣。

面部表情与他人交流时产生共鸣非常重要，这样的沟通能达到良好效果。

（1）从微笑看心理。

微笑是最有效的身体语言。

微笑在身体语言中最简单，交流时最自然。微笑是一种极具感染力的身体语言，不但能很快缩短人与人之间的距离，并且还能传情达意，表示友好。

与人说话时，微笑的表情人人都乐意接受。所以，如果希望别人以一副欢悦的神情友好地对待自己，那么，自己必须先要用这样的神情去对待他人。

人说话时面带微笑，既可以用微笑来调动对方的情绪，又可拉近与对方的距离，把良好的形象留在对方心中。

微笑动作虽然看似简单，但要做好也不容易，学会适时的微笑，还真要下点儿功夫。

首先，发自内心的笑才能笑得自然，笑得亲切。切记不能为笑而笑。笑要真诚，因为人对笑容的辨识力非常强，一个笑容代表什么意思，是否真诚，靠直觉就能敏锐地判断出来。所以，在笑时一定要真诚，而且笑的程度要适度。只有真诚的笑才能让对方内心产生温暖的感觉，引起对方的共鸣，加深双方的友情。

其次，笑时最重要的是嘴型。因为根据嘴型的动作，嘴角朝向不同，笑的意义也不同。比如，一个涉世不深的女孩子，笑的时候常面带羞涩，抿着嘴，很不好意思；而一个"老谋深算"的人，"皮笑肉不笑"的时候，嘴唇完全向后拉，使唇部变成长椭圆形，这种笑就是没有发自内心，是一种不真诚的表现。

任何的笑，都代表着一个人的内心状态。多留意观察他人的笑，积累一些经验，就能更好地与他人交往。

（2）从眉毛动作看心理。

在生活中，当我们形容某位男士英俊时常用"浓眉大眼"一词；而形容心术不正的男人则用"贼眉鼠眼"，可见，"眉目传情"并非虚言。

眼、眉都能以独特的方式表情达意，而眉毛及动作更可以表现一个人的复杂心态。

眉毛有多种动态，虽变化细致入微，却能反映一个人的内心活动。

心理学家指出，每当人们的心情改变，眉毛的状态也会跟着改变，而与眉毛相关的动作则是一个人内心活动的重要信号。

低眉通常是受到攻击时的表情，而防护性的低眉则是要保护眼睛免受外界的伤害。

在遭遇危险时，光是低眉仍不能保护眼睛，眼睛下面的面颊还会往上挤，尽可能提供最大的防护，这时眼睛仍保持睁开的状态并注意外界动静。这种上下挤压的形式，是面临外界攻击时典型的退避反应，而眼睛突然遇到强光照射时也会如此。

还有，当人有强烈的情绪反应，如大哭大笑或感到极度难受难过时，也会在脸上产生这种表情。它所代表的心情可能有好多种，例如惊奇、错愕、快乐、怀疑、否定、傲慢、希望、愤怒和恐惧等。

如果一个人皱起眉头，要么是表示陷入困境，要么是表示拒绝、反对。

一个深皱眉头的人，基本上是想逃离当前的处境，却因某些原因不能如此做。

一个大笑同时皱眉的人，其实心中也有轻微的惊恐和焦虑，他的笑可能是真的，但无论引发他笑的对象是什么，那个对象使他困扰，所以才会笑中皱眉，流露出内心的忧虑或犹豫不决。

有些人，面临威胁太强时也会低眉，吃了苦头时也会低眉，但如果是真正无所畏惧的时候，反而会瞪眼直视、绝不皱眉。

扬眉、闪眉是表示内心得意时或内心有波动。

双眉上扬，表示非常欣喜或极度惊讶；单眉上扬，表示不理解、有疑问。眉毛大幅度抬高一般表示"难以置信"。

眉毛是可以迅速地上下活动的，快速闪眉有可能说明人心情愉快，内心赞同他人的话或对他人表示亲切的意思。

当然，眉毛闪动的动作也经常在对话中作为加强语气的手段。有时人在说话时要强调某一个字，眉毛也会立刻扬起然后立即落下，像是不断地在强调："我说的这些都是让你很吃惊的！"

有些人眉毛先上扬，然后立刻下降，这种闪动的动作是看到其他人表现出友善后做出的表示，通常还会伴随着扬头和微笑。

有些人眉毛频频闪动，就等于在说"你好！你好！你好！"或者是说"看到你我真惊喜！"

有些人重复耸眉的动作表示对某事或某句话做强调。

在一些谈话气氛热烈的场合，有时某些人在与其他人说话时会伴随着重复耸眉的小动作以强调他所说的话，尤其讲到要点时，他们会不断耸起眉毛。

3. 眼神。

眼神也是一种重要的交流手段，人们从眼神中可以获取信息。

眼神的使用在说话时的作用非常重要。比如，说话时要目视对方，这样既能显得自己态度真诚，也能察言观色，还可靠眼神与对方交流思想情感；如果他人目光左躲右闪，眼神游离不定，就会给人留下虚伪、不可靠的印象。

在五官中，眼睛是心灵的窗户，眼睛除了能"明察秋毫"

外，更能传达出人的一些隐藏的信息，尤其是情感方面的喜怒哀乐、好恶亲疏，而像眉目传情、暗送秋波等也都与眼睛有关。

有的人心之所想，别人透过他的眼睛就能看出其中的大概。在《三国演义》中有这样一个故事：

曹操派刺客去见刘备，刺客见到刘备之后，并没有立即下手，而是与刘备讨论削弱魏国的策略，他的分析极合刘备的心意。

不久之后，诸葛亮进来，刺客很心虚，便托词要上厕所。刘备对诸葛亮说："刚才得一位奇士，可以帮助我们攻打曹操。"

诸葛亮却轻轻地叹道："此人见我一到，神情畏惧，视线在低处徘徊而时时露出忤逆之意，奸邪之形完全泄漏出来，他一定是个刺客。"

刘备听后连忙派人追出去，刺客已经跳墙逃走了。

在瞬息之间，透过眼神的变化，看出一个人的目的和动机，这固然需要先天的智慧，但更多的是靠后天的努力，因为观察能力是在生活中磨炼和培养出来的。上文中诸葛亮能够认定刺客，主要是从那人的眼神闪烁不定中发现破绽的。

在生活中，还有一些仪表不俗、举止轩昂之辈，其实心术不正、心怀鬼胎，因此要想一眼识破这类人的真面目，就更需要仔细深入地对眼睛进行观察了。

新升任司空的彭宣看到王莽之后，悄悄对大儿子说："王莽神清而朗，气很足，但是眼神中带有邪狭的味道，专权后可能要坏事。我又不肯附庸他，这官不做也罢。"于是彭宣上书，称自己"昏乱遗忘，乞骸骨归乡里"。

王莽"神清而朗"，是说他聪明俊逸，不是一般的人；但从眼神上来分析，其眼神有邪狭之色，说明其为人不正，心中藏着奸诈意图。

王莽可能也感觉到彭宣看出了一些什么，但抓不到把柄，只能恨恨地同意了他的辞官，却又不肯赏赐养老金。

所以，看眼睛能看出人内心活动，也能获取人内心隐藏的信息。

在谈话时先与对方进行眼神交流，可以使交流更顺利。例如，如果想表达这样的信息："我对你很感兴趣，请听我说，我有一些东西想和你们分享。"那么，在讲话之前最好先看一下对方眼睛，通过眼神无声地传送信息。当然，还有很多眼神交流的技巧要在实践中自己体会。

4. 手势。

在沟通中巧用手势也可为语言增色。

手势是说话时常用的肢体动作，它既可表情达意，又可摹形状物，有助于思想和情感的表达，能加强语言的力量和表达的气势。在适当的时候，手势也可能成为一种独立而且有效的身体语言。

人在说话时如果辅以手势，一定要做到动作恰当、简单、自然、优雅，这样才有助于说明问题。在说话时，一般人们使用右手的频率往往比使用左手的频率高，手指也不会太过僵直，因为手指伸得太直会使自己感觉不自然，也会让他人觉得有攻击性。

做手势要根据讲话内容、个人情感和现场气氛自然表现。如打手势的幅度、方向、力度应与说话时的面部表情、身体姿态密切配合，协调一致，不可生搬硬套，勉强做手势。

在运用手势的过程中，切忌一成不变只做一种手势，还要避免单调呆板，同时不应做过多的手势和打过多毫无意义的手势，因为这除了会分散听者的注意力以外，还会使听者感到费解，影响谈话的效果。

手势表达的内容非常丰富，一般来说可分为情绪手势、象形手势、指示手势以及象征手势四种。

（1）情绪手势。

某老板交代完一份工作后，对他的员工扬扬手说"就这样办吧"；在听完一场汇报后，又扬了扬手说"行了，行了，我明白了"。这个时候的手势上扬，是表示"赞扬"和"肯定"的意思。

当我们与朋友告别时，也常扬手说"再见"。上扬手势是一种情绪手势，是根据心情而做出，是一种能显示出个人特点的很受人欢迎的手势，表明肯定的友好的态度。

（2）指示手势。

某老板正在气头上，一位员工来找他，不容员工说什么，这位老板一伸右手中一根指头，随即大吼一声"出去"。这就是"指示手势"。

在说话时使用这种手势，说明他很生气。

（3）象形手势。

下劈的手势给人一种泰山压顶、不容置疑之感。这个动作的意思是"就这么办""这件事情就这样决定了""不行，我不同意"等。这个手势是象形手势。

在说话时使用这种手势的人，一般高傲自负，喜欢以自我为中心，不容许他人反驳自己的想法和意见。

三五成群的人讨论问题时，有人为了证明自己的观点正确且不容置疑的时候，在说话时也常用这种向下劈的手势否定别人的观点，打断别人的话。如果在交谈中对方在说话时把手势往下劈，听者此时最好不要轻易提出不同的观点，因为对方此时一般是不会轻易听取你的意见的。

（4）象征手势。

象征手势，大多点到为止，是一种常见手势。因为双方交谈，人们关注的主要是谈话的内容，而不是手势是否有戏剧性的效果，谈话的目的是向对方传递信息，而不是把手势当作表演。

象征手势大多与语言相配合，比如，当说到有三点内容时，列举的手势动作应当在说到"三"的时候同时做出，如果在说完"三"后停顿了一两秒才竖起三根手指，那就不适宜了，会让人觉得莫名其妙。

做手势有很多知识，学会做手势和识别手势这种身体语言，有助于在与人沟通时采取适当的态度和交流方式。

使用手势时要与所说的话相协调。手势本是增强说话效果的，但如果滥用手势可能会招致他人的反感，而不自然的手势、乱挥乱舞的手势只会干扰双方的交谈。

手势在说话时可以用，但不应该喧宾夺主，做手势的目的是辅助语言表情达意，而不是刻意做出夸张的动作以引起他人注意。

另外，做手势时要注意交谈的环境。在许多正式的场合，特别是对众多人讲话时，大幅度的、富有表现力的手势比较合适，而非正式情境下或在小范围内的谈话则适合做较为自然优雅的手势。

此外，常用的手势还有下面几种：

（1）拇指式：竖起大拇指，其余四指弯曲，表示欣赏、肯定、赞美等意，说话时辅以这种手势，会让他人高兴。

（2）小指式：竖起小指，其余四指弯曲，这一手势表示微不足道或藐视对方，有侮辱人的含义，最好不要用。

（3）食指式：食指伸出，其余四指弯曲并拢，这一手势在说话中被大量使用，用来指称人物、事物、方向或者表示观点和肯定。

做手势时胳膊一般也要有动作，像胳膊向上伸直，食指指向空中则表示强调，也可以表示数字；食指弯曲或呈钩形表示与"九"相关的数字；齐肩画线表示直线；在空中划弧线表示弧形。

（4）食指、中指并用式：食指、中指分开伸直，其余三指弯曲，这一手势在说话中一般表示与"二"相关的数字。

在一些欧美国家与非洲国家这一手势则表示胜利的意思，英国前首相丘吉尔在说话时常使用这种手势。

（5）食指、无名指、小指三指并用式：这种手势表示与"三"相关的数字。

（6）食指、中指、无名指、小指四指并用式：这种手势表示与"四"相关的数字。

（7）五指并用式：如果是五指平伸且分开，表示与"五"相关的数字，如果指尖向上并拢，掌心向外推出，有前进、希望等意思，显示坚定的力量，这种手势又叫"手推式手势"。

（8）拇指、小指并用式：拇指与小指同时伸出，其余三指并拢弯曲，表示与"六"相关的数字。

（9）拇指食指并用式：拇指、食指分开伸出，其余三指弯曲，表示与"八"相关的数字，如果并拢表示肯定、赞赏，如果二者弯曲靠拢但未接触，则表示微小、精细。

（10）拇指、食指、中指并用式：三指相捏向前表示与"七"相关的数字，也表示"这""这些"等意思。

（11）O形手势：这种手势又叫"圆形手势"，曾风行欧美，表示"好""行"的意思，也表示"零"的意思。

（12）仰手式：掌心向上，拇指自然张开，其余弯曲，这一手势包含着丰富的信息：手部抬高表示赞美、欢欣、希望；平放表示乞求、请施舍；手部放低表示无可奈何和坦诚。

（13）俯手式：掌心向下，其余状态同仰手式，这是审慎的提醒手势，表示说话者有必要抑制对方的情绪，进而达到控场的目的，同时也表示反对、否定或安慰、许可，当然有时也指指示方向。

（14）手切式（手剪式的一种变式）：五指并拢，手掌挺直，像一把斧子用力劈下，有果断、坚决、排除之意。

（15）手啄式：五指并拢，相夹相触，指尖向上，就像一个收紧了开口的钱包，用于强调主题和重点，也表示想与对方就某个问题进行探讨。

（16）手剪式：五指并拢，手掌挺直，掌心向下，左右两手同时运用，说话时左右分开，表示强烈拒绝。

（17）手抓式：五指稍弯，分开、开口向上，这种手势主要用来吸引对方，控制谈话气氛。

（18）手压式：手臂自然伸直，掌心向下，手掌一下一下地向下压，这种手势如果在谈话中发现对方情绪激动时，可用此平复对方情绪。

（19）抚身式：以这种手势把手放在胸前，往往是一些说话者的习惯手势，一般是五指自然并拢，抚摸自己身体的某一部分，而双手抚胸表示沉思、谦逊、反躬自问；以手抚头表示懊恼、回忆等。

（20）挥手式：手举过头挥动表示兴奋、致意，双手同时挥动表示热情致意。

（21）掌分式：双手自然撑掌，用力分开，掌心向上表示开展、行动起来；掌心向下表示排除、取缔；平行伸开表示面积、平面。

（22）举拳式：单手或双手握拳，平举胸前，表示示威、报复；高举过肩、挥动、直捶、斜击，表示愤怒、呐喊等激烈的情绪，这种手势有较大的攻击性，说话中不宜多用。

（23）拳击式：双手握拳在胸前做撞击动作，表示示威。

（24）拍肩式：用手指拍击肩膀，表示重担在肩，有担当，有责任心和使命感。

（25）拍头式：用手掌拍头，表示醒悟、愤恨、哀戚、伤悲，这种手势在说话中用得不太多。

（26）搓手式：双手摩擦，意味着做好准备，期待取胜；如果速度较慢表示有猜疑。如果拇指与食指或与其他指尖摩擦，通常暗示对金钱的希望。

（27）颤手式：单手或双手颤动的手势，必须与其他手势配合才能表示一个明确的含义。

总体来说，使用手势时要记住一条重要的原则：手势应根据说话内容而做，要使用那些最有效的、最适合自己的手势，不要使用生搬硬套的手势。做手势应与说话风格相配，这样会保持自然状态。

▎跟谁都能聊得来

先说个故事：

一天张三请客，来了一部分人，张三看看来人，皱紧眉头说道："该来的不来。"有些人一听心想：我们是不该来的了。于是就往门外走。张三急忙说："说的不是你们。"剩下的人听到后便想：说的不是他们，那就是我们了。于是也站起来往外走。

生活中、工作中、人际交往中，因为说话不当引起的笑话、误会甚至敌对现象比比皆是。

会聊天也是沟通的一种，聊天是增进情感、培养友谊的很好方式。会聊天的人不仅自己达到目的，也会让对方心情愉悦，愿听愿聊。

很多人每天忙忙碌碌，忙碌的生活、工作让和朋友、家人、老师相处的时间越来越少，那么，想要和他们聊聊天或"吐吐槽"，怎样开口更合适呢？

如果是以前的同学、朋友，可以组织同学、朋友聚会，借聚会打开话题。"一对一"或"一对多"地聊聊以前一起上学的日子，发生的令人印象深刻的事情，比如运动会、有意义的班级活动、同一宿舍发生的可笑之事、家庭郊游、共同活动等等，这样很容易引起人美好的回忆。

不过要注意：不要一去同学会或朋友聚会就炫耀现在自己有什么地位、过的如何好，这样会让人觉得厌烦。

如果是打电话给以前的同学、朋友，可以先问候，再聊聊最近的生活、工作状况，然后说说因为什么事突然想到了朋友；或先聊聊以前一起做过的美好的事或难忘的事，再谈要聊的事情。

不过要注意：如果就是想聊天、想"吐槽"，一定要选自己最亲近的朋友或同学，不熟的人或交情一般的不要选择。

和长辈聊天，首先要有礼貌，要态度诚恳，懂得尊重长辈。

聊天时要谦虚，但不是说要去"拍马屁"努力讨好他们，该赞美时要不吝词语赞美，然而不要说得过火，否则，会让长辈觉得你不实在。

和长辈聊天是一种很好的学习机会，可以多问问长辈一些为人处世的道理，问话时要真诚，很多长辈都可以做青年人人生的导师。

但要注意：不要嫌弃他们说话啰唆，他们也可能喜欢讲他们以前的故事，那么，你就静下心来耐心听听吧，做一个好的倾听者也是会聊天的一部分。

而和陌生人聊天，要分几种情况。

一种是在社交软件上和陌生人聊天。很多人打过招呼后不知下面聊什么，于是有事说事，没事话题就尴尬地结束了，这很可能让你失去了一个可能成为你好朋友的人。那么，遇到这种情况，怎样多聊几句呢？

比如：可以聊下对方喜欢的事，问问有什么爱好，喜欢听什么样的歌，或聊聊喜欢哪个歌手，爱不爱运动等等。

注意：聊天中不要一味地询问私人问题，比如你家住哪、父母做什么的，结婚有没有之类的，这样问会让人紧张，产生防范心理，自然而然就不想和你聊了。还有，不想继续聊天，结束时也要礼貌地说声"再见"，这包括你不喜欢此人、以后不想联系他的情况。

另一种是通过熟人介绍的陌生人，和这种人要尽量多聊，因为有共同认识的人作基础，聊时除了注意上述问题，还要注意交友需要注意对方的感受，不能只顾自己一方滔滔不绝地说，要让对方多聊他的情况。

和陌生人聊天因为彼此不认识，需要有步骤地"聊"，不可一下子就放开聊，口无遮拦，甚至把自己最近遇到什么问题，遇到了什么不喜欢的人之类的话都和对方讲；也不要聊天时动不动就口出脏话、粗话或恶语伤人，让人觉得你没素质。

还有，男生不要一味地和女生聊生理问题，尤其慎开玩笑，要懂得适可而止。

聊天不是一个人不停地说，"会聊天儿的人"懂得"聊"是一种互动的方式，因此"会聊天儿的人"，不是逢人就滔滔不绝地说上一段，而是在适当的时候说适当的话，知道什么话该说，什么话不该说，让对方愿意和你聊，愿意和你进一步交往。

聊天时不能靠"嘴上功夫"，要通过语气、眼神、动作等身体语言，让心态尽情表现出来，去影响对方。

聊天本是各抒己见，因此积极回应很重要，如果回应时心不在焉或敷衍，聊天的效果就不好。

聊天，是人与人之间不可或缺的重要交流方式之一，也是走入对方内心世界最重要的一个环节，在聊天中，彼此之间的互动与交流、倾听与回应，都是聊好天、会聊天的基础，也是创造愉悦的聊天气氛很重要的手段。

▎口才训练有诀窍

　　提高沟通能力并不是件简单的事。沟通能力是交际能力的重要环节，一个沟通能力强的人，不仅受欢迎，朋友也会很多。

　　有个成语叫舌灿莲花，形容人口才好，口齿伶俐，能言善语，口若悬河，滔滔不绝，说话有如莲花般美妙。而提高沟通水平，拥有好口才是第一要素，尤其是要能做到有条不紊脱口讲话很重要。

　　狮子和老虎之间爆发了一场激烈的冲突，到最后两败俱伤。狮子快要断气时，对老虎说："如果不是你非要抢我的地盘，我们也不会弄成现在这样。"

老虎吃惊地说："我从未想过要抢你的地盘，我一直以为是你要侵犯我。"

狮子、老虎因为沟通能力差，以至产生你死我活的"战争"。

很多人写东西很行，但与人沟通时表达就差了。"不知道说什么"是这些人的口头语。其实，学习各种知识、技能，积累各种经验，最终要利用语言来完成。语言能力是人的能力中最重要的基础能力之一，一个人若想顺利进入社会，适应社会的发展，必须通过语言辅助，而一个不具备优秀语言能力的人是无法进入社会的。

1. 练好口才的几个要领。

表达能力的提高需要循序渐进，第一步要先练好口才。

口才被称为艺术，既然是艺术，就会有技巧。口才这种技巧就是说出来的话要能让人有继续听下去的魔力，并且能控制着谈话的局面，影响着听话人的情绪。那么，怎样才能练好口才呢？

（1）锻炼逻辑能力。

比如，每天看一篇文章，简短的总结出中心思想，然后口述；或者看一个电影，看完后，把电影表现的重要情节口述出来。

（2）每天大声朗读文章，看看各类播音员的播音录像。

朗读可以锻炼人说话的气息、力度，还有节奏；而看各类播音员的播音录像会纠正自己朗读的问题。比如播新闻的播音员、播体育比赛的播音员、广播中播情感类节目播音员、长书连播播音员的播音等等，都有各自的播音特点。当然，一开始全面学习不太可能，找到适合自己的最好，然后扬长避短加以练习。

（3）锻炼自己说话最快速度。

读一些绕口令，在读中纠正发音；或在朗读的时候开始时速度较慢，逐次加快，训练自己所能达到的最快速度。

（4）有效锻炼说话速度和快速反应能力。

朗读的过程中不要有停顿，发音要准确，吐字要清晰，如果你不能把每个字音都完整地发出来，那么，速度加快以后，就会让人听不清楚你在说些什么，快也就失去了意义。

"快"，是指快而不乱，每个字、每个音都发得十分清楚、准确，没有含混不清的地方。

（5）多学习、多涉猎各种知识，丰富自己的知识底蕴。

学习是长期的事，坚持学习，词汇量会越来越多，说话时能引经据典佐证自己阐述的观点，说服人时也能让他人口服心服，口才自然越来越棒！

（6）多向他人学习讲话的风采。

风采是指人的容貌、姿态、神情和精神境界，也可以说神采。讲话要有神采，要能吸引人，可以先模仿他人的风采再创造自己的神采。模仿时除了向专业人士学习，也可向周围表达能力强的人学习。

练习时最好对着镜子，训练眼神、表情、手等肢体语言，这样效果会更好，表达能力也会得到提高。

（7）要训练自己的背诵能力。

"背"是脱口讲话的基础，人要多锻炼自己的记忆能力，"诵"是指要抑扬顿挫地表达出来。背诵训练到了一定时间和程度，就能脱口而出抑扬顿挫的话语。

（8）多找机会上台演说，多在公众场合发言。

大庭广众之下讲话可以锻炼语言的连贯性及现场即兴构思能力和语言组织能力，还可以锻炼胆量，克服紧张心理。

提高表达水平，要有意识地多去参与活动，不要老想着自己不行、会说错，有害怕心理，要多上台发言，培养当众讲话能力。

2．提高表达水平的几个方法。

（1）抓住重点。

表达主题越具体、越简练越好，要避免滔滔不绝，让对方接收东西太多而记不住主题。

（2）语速要适中，说话要不急不徐。

说话时措辞要准确，发音要清晰，要让人听清楚。尤其在重点内容上要有强调，注意区分容易混淆的字词。

在感性的场面，语速可以适当加快；在理性的场面，语速相应要放慢放缓。还有，说话时不要语句太长，也不要过短，要根据情况适当停顿。

（3）音量的大小要适中。

音量太大，会让人有压迫感，有噪声，使人反感；音量太小，听话费劲，达不到表达的效果。

（4）调整面部表情或身体语言。

在倾听时或微笑或严肃，或温和或凝神。在发言时，或激情或安静，身体动作要适合此情此景，幅度要恰当，不要过于猛烈或表现夸张。

（5）营造适合表达的气氛。

严肃的表达就不能让气氛太过于活跃，此时语调要尽量平和；轻松的表达就不能让气氛沉闷，在此过程中，说些自嘲、说些幽默的话都是可以的。

（6）在多人中说话要照顾全面。

多人中说话要照顾所有人的情绪，不能只顾着某一个人，还有就是要在恰当的时候开口，不能有人正说话时，就贸然插话或自己另立主题。

（7）保持合适的谈话距离。

如果不是恋人或要好的朋友，谈话距离的选择非常重要。

（8）当对方讲话有错误时……

可间接指出，不要直接粗暴地说出，甚至当着众人指责。而拒绝他人时，不要在他人开口要求时断然拒绝，可以婉转说出或私下拒绝。

（9）表达时，无论是他人不如你还是讲得不对时……

不要流露出不快的神色，或藐视对方；在他人说出一个决定你有保留意见时，不要持完全不妥协的态度；辩论时无论如何激烈，要做好"善后"的工作，尽量不伤人际和气。

提高表达技巧，对每一个人来说都是很重要的，因为表达不好还不如不说。

▍避开沟通中的"雷区"

沟通是一种交流的过程，如果做不到有效，就起不到交流的作用。沟通有"雷区"，说话要谨慎。

我们常见这样的现象：办公室的同事大谈特谈他看到某个同事和一位女士在一起；办公室某人逢人便炫耀她的老公有能耐，家中房子大、汽车是奔驰，还有她聪明的儿子。

遇到上述情况，你在旁边会怎样做呢？是参与还是避开，是真心认同还是违心附和？

对办公室的二种现象首先能避开尽量避开，其次不能避开找个理由避开。肯定不能做认同及附和，当然也没有必要指责和轻视。

沟通中应注意"雷区"，否则，就会踏进"雷区"，得不到好的结果。下面是一些沟通中的"雷区"，希望不要踩进去。

（1）参会或加入人群中不做自我介绍。

无论何种场合，相互认识是进一步交流的前提。即使遇到不认识的陌生人，主动自我介绍是友好沟通的第一步。

（2）公众场合接电话、打电话时不回避。

在公共场合，大声打电话、接电话会特别显眼，甚至招人厌，最好先道歉并把音量放小声点，走到一边，这是有礼貌讲文明的好行为。

（3）夸夸其谈、自吹自擂。

沟通的过程，最忌有意无意地把话题往自己身上引并显摆，这会给人留下不好的印象。

（4）对待服务员态度粗暴。

态度是良好沟通的前提，无论他人是什么身份，平等与人沟通是最重要的，所以沟通时，切忌抬高自己，打压他人，甚至用粗暴的态度、自以为是的神情对待他人，这样做，只会让人觉得你各方面素质差。

（5）双手抱胸前与人讲话。

这种行为会让人感觉你对他是有防备之心的、想拒绝他，让他觉得不被信任。

（6）说话时小动作太多。

敲手指头、挖耳朵、玩指甲，或看表，抬头看别处等，都会让人感觉你心不在焉，不愿与他交流。

与人沟通要拥有良好的沟通意识，要避开沟通中的"雷区"，这样才能使沟通顺畅，交流有效。

沟通时千万不要有居高临下之感，甚至滋生傲气，这只能给沟通徒增阻力；而在表达反对意见或批评、指责他人时，要懂得智慧地说，沟通中要培养自己换位思考意识。

沟通有目的性、主体性、人际关系性、多样性以及社会性等特点，而沟通的作用在于传递信息，获得信息，同时，巩固和改善人际关系。那么，对于沟通中出现的障碍，有什么方法解决吗？

1. 不同观念产生的障碍不参与不附和。

由于人们的社会经历不同，沟通中的信念不同，对事物的态度和观点也必然不同，沟通中的观念冲突就会出现。

像上文中办公室的同事大谈特谈他看到某个同事和一位女士在一起，如果旁边的人参与、附和，就是助长了不良风气。

2. 语言表达产生的障碍要扫除。

语言是思想的工具，但不是思想本身，人们用语言表达思想的能力千差万别，因而在沟通时，难免出现障碍。

比如，中国各地区语音差别大，南方人讲话北方人有可能听不懂；有人使用地方俗语、俚语也会让他人理解不了其中的意思。因此，沟通中尽量避免这些现象出现，要用清楚的语言表达沟通内容。

3. 由于知识、经验水平有差距产生的障碍要注意。

在沟通中，如果双方经验水平和知识水平差距过大，双方往往依据自己的认知去理解和处理信息，使彼此认同的差距拉大，形成沟通的障碍。

上文中办公室某人逢人便炫耀她的老公有能耐，家中房子大、汽车是奔驰，还有她聪明的儿子这种行为，很多人会不认同她，这就是"三观"有差距产生的障碍。

4．不信任产生的障碍是无效沟通。

由于不信任，沟通时会自说自话，各自朝着自己有利的方向说，结果便达不到沟通效果。

5．识别选择偏差所造成的障碍也是无效沟通。

人接收和发送信息是沟通中常见形式。由于种种原因，有些人习惯接收部分信息，而摒弃另一部分信息；有些人对他人所说信息会进行挑选、过滤，使信息不完整，这都是识别选择偏差所造成的沟通选择性障碍。

6．个性特征差异引起的沟通障碍要寻找共同点解决。

由于人个体的性格、气质、态度、情绪、兴趣等差别，沟通中接收和发送信息会产生阻碍，这必须要寻找共同点才能解决。

7. 畏惧感产生的障碍解决靠自信。

很多人由于畏惧感，造成沟通不畅，而畏惧感的解决必须靠树立自信。

沟通有技巧，但非措辞要甜美，或"能说""会说"，沟通是一个人身心共同参与的过程，既有信息的传递，也有对信息的理解，更有对信息的整理与执行，没有执行的沟通，是无效的沟通，因此正确的沟通除了通过使用正确的语言来实现，还需要全身心的投入。

▌沟通中的情绪管理

据心理学家证明，三四岁的小孩已经能揣度大人的心思了，他们知道怎么说饿了，知道怎么把玩具藏起来让其他小朋友找不到，甚至还会告诉错误的线索去误导其他小朋友；他们还会从父母的语气上判断对他们的情感；当然他们也知道自己应该如何表达让父母高兴……

当孩子进入小学、中学、大学，校园是新奇的、陌生的、多彩的、神秘的，孩子们的眼界不断增长，看到藏书丰富的图书馆、很多名目的实验室、高大宏伟的教学楼；接触了众多的社团、讲座、学习和活动机会；见到各种各样的老师，不同性格的同学。集体生活改变着他们原来的生活方式，也改变着他们所熟识的学习、生活和人际环境。所有这些，会使他们产生不同程度的应激反应，丰富着他们的情绪，而新环境、新人群、新生活需要他们去适应，沟通成为必不可少的手段。

人的情绪不是客观存在的，而是一种感观，随着事物的变化而变化，很多人会表现在表面上，不但影响了自己还影响了别人；还有些人虽然不表现在表面，但长期压抑自己的情绪，久久不能释放，累积在身体里，一旦受到刺激，会像火山一样爆发。

人的情绪需要管理，既不能放任，也不能压抑，如果遇到小事就大发雷霆，爆粗口，不但影响自己的心情，让思想跟着情绪走，还会被带进深渊；而压抑不仅让自己心情郁闷，长久还会影响健康。

沟通中带有情绪是正常的事，但情绪不能有大的波动，否则在这个状态下，辨识信息、处理问题都会出现偏左偏右，语言也会过激。

有一道题是这样的：A沟通中自我情绪占70%，事情占30%，B沟通中自我情绪占30%，事情占70%，C沟通之前必须处理好情绪，不带自我情绪，D带有良好的情绪。哪个答案是正确的呢？

这道题最完美的答案应选C和D，因为情绪管理对沟通非常重要，会决定最终的效果。

那么，沟通中应注意控制那些不良情绪呢？

（1）自己心态摆正，情绪尽量平和，此外还要看对方情绪好不好。

沟通中，如果对方情绪让人感到不舒服了，可以选择避开正谈论的话题，换一个新的话题，不要造成让对方情绪失控的状态。

（2）如果对方的话太过激了，让我们忍无可忍了，甚至想骂人想要动手的时候，要立刻想办法平静下来。

比如，在心里数10个数，从一开始慢慢地数到十，平复好情绪；当情绪还不能平静下来的时候，接着数，或者做几个深呼吸，让情绪慢慢地变平静。

（3）当话不投机时，或产生了矛盾，互不相让时，要结束沟通，冷静后再谈，这是一个很好的办法。

心理学家认为人的情绪长期压抑会影响内心的状态、个性与生活模式，因为没被释放的情绪会造成易怒、暴力、逃避、退缩、忧郁、麻木等现象，而焦虑、愤怒、恐惧等负面情绪会影响人的身、心、灵，造成不必要的负担。

情绪虽然是一个很难控制的东西，但我们常做四件事可以改善它。

首先是表情调节，比如用微笑来调节自己的情绪，可能是个很好的选择；其次是人际调节，要有大局意识，要懂得换位思考，要有舍得观念；第三是环境调节，多看看美丽的风景，让自己心情愉悦；最后是认知调节，加强心理控制，提高修养，经常反省自己，不自以为是。